감수 · 이지연(영재교육원 강사 및 초등학교 교사)
2010년 서울교육대학교를 졸업한 후 현재 서울서강초등학교에서 학생들을 가르치고 있습니다. 서울특별시서부교육지원청 영재교육원(수·과학융합, 수학분야) 강사 및 서울특별시 지정 단위학교 수학영재학급 강사로 활동하였고, 서울특별시서부교육지원청 영재교육원(과학) 강사로 활동 중입니다.

지음 · 정재은
출판 편집과 방송 작가 등 여러 직업을 통해 얻은 경험을 바탕으로 어린이 작가로 활동 중입니다. 그동안 지은 책으로는 《수학이 궁금할 때 피타고라스에게 물어봐》《개념 쏙쏙 참 쉬운 수학》 〈스토리텔링 수학〉 시리즈의 《게임 수학》《불가사의 수학》《스파이 수학》《바이킹 수학》 등이 있습니다.

그림 · 김현민
2000년 주간 〈아이큐 점프〉에 '비켜 비켜'를 연재하면서 데뷔하였습니다. 펴낸 책으로는 《퀴즈! 과학상식 – 곤충》 〈스토리텔링 수학〉 시리즈의 《요리 수학》《미로 수학》《캠핑 수학》《게임 수학》《불가사의 수학》 등이 있습니다.

2017년 8월 30일 초판 1쇄 펴냄
2021년 1월 20일 초판 4쇄 펴냄

지음 · 정재은 **그림** · 김현민
감수 · 이지연(영재교육원 강사 및 초등학교 교사)
채색 · 박은자 **표지 채색** · 김란희

펴낸이 · 이성호
펴낸곳 · (주)글송이

편집/디자인 · 임주용, 최영미, 한나래, 권빈
마케팅 · 이성갑, 윤정명, 이현정, 김병선, 문현곤, 조해준, 이동준
경영지원 · 최진수, 이인석, 진승현, 손가영

출판 등록 · 2012년 8월 8일 제2012-000169호
주소 · 서울시 서초구 능안말1길 1 (내곡동)
전화 · 578-1560~1 **팩스** · 578-1562
홈페이지 · www.gsibook.com

ⓒ글송이, 2017

ISBN 979-11-7018-386-0 74410
      979-11-7018-137-8 (세트)

*이 도서의 국립중앙도서관 출판시도서목록(CIP)은 서지정보유통지원시스템 홈페이지(http://seoji.nl.go.kr)와 국가자료공동목록시스템(http://www.nl.go.kr/kolisnet)에서 이용하실 수 있습니다.
(CIP제어번호: CIP2017019580)

신기하고 재밌는 로봇 수학!

최근 들어 뉴스나 인터넷에서 '4차 산업 혁명'이라는 말을 많이 들어 보았을 거예요. 4차 산업 혁명이란 정보통신기술과 기존의 산업 기술이 융합하여 사회를 급격히 변화시키는 차세대 기술 혁명을 말해요.
4차 산업 혁명의 핵심인 '인공 지능' 전문가가 되려면, 수학 실력이 뛰어나야 해요. 컴퓨터 언어와 다양한 수식을 활용하고 알고리즘을 짤 수 있는 수학적 자질이 필요하거든요. '인공 지능의 아버지'라 불리는 앨런 튜링 박사도 수학자였답니다.
미래의 변화를 이끌어 갈 여러분에게 수학 실력도 키우고 미래 인공 지능 로봇들도 만나 볼 수 있는 이야기를 소개할게요. 2088년 미래로 떠난 주인공 안천재가 로봇 유령과 함께 수학 사건을 해결하는 모험을 따라가다 보면 합동과 대칭, 혼합 계산, 뫼비우스 띠 등 다양한 수학 개념도 익히고 수학적 사고력도 키울 수 있어요.

영재교육원 강사 및 초등학교 교사 이지연

우주 최강 로봇 유령을 따르라!

사람만 유령이 될 수 있다고?
천만에! 인공 지능 로봇도 유령이 될 수 있어!
바로 나, 우주 최강 로봇 유령 로보슈타처럼 말이지.
나는 초자연적인 유령 에너지와
최첨단 과학 기술을 가진 최고의 유령이야.
하지만 사람과 소통하려면 누군가의 도움이 필요해.
이 책을 읽고 있는 바로 너! 그래, 네가 나 좀 도와줘.
나와 같이 2088년 알파 시티로 떠나자.
미래 도시에 가면 슈퍼윙윙보드를 타고 하늘을 날 수도 있고,
슈트 로봇을 입고 영웅 놀이도 할 수 있어.
먼저, 알파 시티에서 일어난 끔찍한 사건을 해결해 줘.
네 넘치는 호기심과 기발한 아이디어, 약간의 수학 실력만
있으면 돼. 준비됐니? 그럼 이제 눈을 감아 봐.
5초 후면 최첨단 알파 시티가 눈앞에 펼쳐질 거야!

from. 우주 최강 로봇 유령

차례

프롤로그
2088년 우주 최강
로보슈타 탄생 … 9

 인공 지능 세상의
로봇 3원칙 · 19

1 결정 장애 안천재가
고민해야 하는
경우의 수는? … 20

2 최적의 선택을 위한
알고리즘 순서도 … 31

 인간을 공격하는
인공 지능 킬러 로봇 · 41

3 유령 사냥꾼과
청소 로봇 사각이 … 42

4 유령 탐지파의
속력을 정확하게
계산하라! … 57

5 인공 지능의 판단 Vs
인간 초딩의 직감 … 68

 인간의 뇌를 로봇에
이식할 수 있을까? · 81

6 정이십면체 로봇의
탄생 배경은? … 82

7 뫼비우스 계단에서
   탈출하라! … 99

   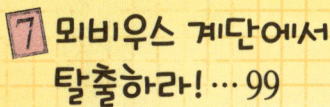 인공 지능 Vs 인간
      그 결과는? • 113

8 쌍둥이 연구소,
   쌍둥이 문 … 114

9 천재가 팔라우에
   갈 수 있는 가능성은?
   … 128

10 인공 지능 로봇 리온,
   별이 되다! … 143

    현실이 된 영화 속
      로봇 • 155

11 화성에서 온
   우주인 유령들 … 156

12 숫자 암호문에 숨겨진
   범인의 정체는? … 174

에필로그
   지구 최강 환경 운동가
   탄생 … 193

   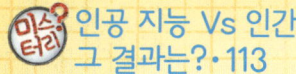 인공 지능 로봇이
      인간의 일자리를
      빼앗을까? • 200

   초등 수학 교과 연계표 • 201

프롤로그

2088년 우주 최강 로보슈타 탄생

"엘리자베스 콩 박사님, 환영합니다."
 인공 지능 컴퓨터, 알파의 경쾌한 목소리와 함께 알파 타워 지하 10층에 있는 대전시회장의 문이 스르륵 열렸다. 넓고 화려한 홀은 텅 비어 있었다. 불길한 예감이 엘리자베스 콩 박사의 뒷덜미를 스쳤다.
 로봇 발표회에는 사람보다 로봇을 더 좋아하는 팬들로 항상 가득 차 있었다. 2088년 최첨단 도시인 알파 시티의 주인공은 바로 최첨단 로봇이니까.
 120년 전만 해도 힘든 일을 대신하기 위해 만든 기계에 불과했던 로봇은 이제 최첨단 도시를 관리하고, 우주

비행을 하고, 영화를 만들고, 아이돌이 되어 사람들의 인기를 한 몸에 받는 영웅이 되었다.

  인기 절정 로봇 발표회장이 유령의 집처럼 비어 있다니, 뭔가 단단히 잘못되었을까? 콩 박사는 알파 시티의 모든 것을 관리하는 인공 지능 컴퓨터 알파에게 속삭였다.

  "알파, 왜 아무도 없지? 오, 설마 깜짝 파티야? 좋아, 멋지게 속아 줄게. 일단은 엄청 실망한 표정을 지어야겠지? 이렇게!"

콩 박사는 입술을 양쪽으로 늘어뜨리며 울상을 지었다. 평소 같으면 깔깔 웃었을 알파가 이상스럽게도 진지했다.

"박사님, 오늘 발표회는 취소되었습니다."

"에이, 왜 이래? 속아 준다니까. 들키기 전에 쉿!"

"아, 정말 아니라고요! 왜 최첨단 인공 지능 컴퓨터의 말을 안 믿어요?"

알파가 버럭 소리를 질렀다. 콩 박사는 저도 모르게 움찔했다.

'뭐야, 알파의 인공 지능에 괜히 감정 기능을 넣었어. 재미있으라고 다혈질 지수를

70으로 설정했더니 툭 하면 큰소리나 치고! 어디 사람이 로봇 무서워서 살겠냐?'

콩 박사는 이렇게 외치고 싶었지만 알파에게 혼날까 봐 꾹 참았다. 그런데 알파가 갑자기 다급하게 외쳤다.

"비상사태! 비상사태! 대전시회장에 위험 물질 감지!"

"위험 물질이라니? 여기 내려오기 전에 보안 사항을 모두 확인했어. 네가 착각한 거 아냐?"

콩 박사는 전원을 켜지 않아 아직 작동 전인 로보슈타를 꽉 끌어안았다. 그 바람에 로보슈타를 감싸고 있던 천이 스르르 바닥에 떨어졌다.

"알파는 실수하지 않습니다. 엘리자베스 콩 박사님 반경 1m 안에 위험 물질 감지! 레드 경보

발행! 경비 로봇, 1분 안에 위험 물질을 제거하라! 박사님은 당장 위험 물질에서 떨어지십시오! 57, 56, 55……."

콩 박사는 재빨리 주위를 둘러보았다. 당연히 개미 한 마리도 없었다. 최첨단 알파 시티에는 인공 온실을 제외하고는 징그러운 곤충이 한 마리도 존재하지 않았다. 최첨단 과학 도시답게 유령, 뱀파이어, 늑대 인간 같은 귀신이 있을 리도 없었다.

"알파, 투명 악당이 있다면 모를까 여긴 아무것도 없어. 내 옆에는 로보슈타뿐이야."

"로보슈타, 로보슈타는 인류를 위협할 위험 물질로 분류되었습니다."

"알파 너, 바이러스라도 먹은 거야? 로보슈타는 우주 최강 로봇이야. 알파 시티 회장님의 후원으로 만들었고, 화성에 건설 중인 쌍둥이 알파 시티 건설도 도울 거야. 설마 너보다 똑똑한 로봇이라서 위험하다는 건 아니겠지?"

"로보슈타는 위험 물질! 어서 피하십시오! 43, 42……."

알파는 매정하게 카운트다운을 이어 갔다. 콩 박사의 머릿속이 하얘졌다. 일단 긴박한 카운트다운부터 멈추게 해야 했다.

"알파 시티의 보안 1등급인 엘리자베스 콩이 명령한다.

해체, 또는 폭파시킬 수 있습니다."

벽에서 작고 까만 정이십면체 로봇들이 후드득 떨어졌다. 정이십면체 로봇들은 바퀴벌레 떼처럼 우글거리며 몇 개씩 서로 붙더니 가늘고 긴 다리를 쭉쭉 뻗었다. 누가 봐도 소름 끼치게 징그러운 경비 로봇, 지네봇으로 변신한 것이다.

'저놈의 경비 로봇은 언제 봐도 끔찍해. 아무리 생체 모방 로봇이 좋아도 그렇지, 하필이면 징그러운 지네냐? 뱅뱅 박사의 미적 감각은 정말 최악이야!'

콩 박사는 뱅뱅 박사가 만든, 효율적이지만 끔찍하게 징그러운 지네봇을 보며 몸서리를 쳤다. 로봇 디자인을 불평할 만큼 한가한 때가 아니었음에도 말이다.

"난 로보슈타를 버리지 않을 거야. 우주 최강 로봇을 이렇게 잃을 수는 없어. 알파, 설마 나까지 해칠 테야? 로봇 원칙에 위배되는데?"

"로봇 제1원칙, 로봇은 인간에게 해를 끼쳐서는 안 되며 위험에 빠진 인간을 그냥 지나쳐도 안 된다. 알파는 로봇 원칙에

충실합니다. 하지만 박사님 한 사람의 안전을 위해 수많은 알파 시민을 위험에 빠뜨릴 수 없습니다. 위험 물질에서 떨어지십시오. 마지막 경고입니다. 10, 9, 8……."

콩 박사는 지푸라기라도 잡는 심정으로 호소했다.

"알파, 너를 만든 사람이 바로 나야. 그런데 나를 해친다고?"

"엘리자베스 콩 박사님은 알파 시티와 알파 시민들의 안전과 평안과 행복을 위해 저를 만들었습니다. 알파 시티를 관리하는 인공 지능 컴퓨터 알파는 주어진 임무에 충실합니다. 박사님께 개인적인 감정은 없습니다. 3, 2, 1, …… 0. 경비 로봇, 즉시

위험 물질을 제거하라!"

 카운트다운이 끝나자 알파의 냉정한 명령이 떨어졌다. 지네봇들은 레이저 광선을 내뿜으며 로보슈타와 콩 박사를 향해 다가갔다 그리고 순식간에 로보슈타와 콩 박사의 몸에 다닥다닥 붙었다. 콩 박사는 꽥꽥 소리를 지르면서도 로보슈타를 품에서 놓지 않았다. 지네봇들은 레이저로 로보슈타를 고장 내거나 녹이지 못하면 결국 폭발시킬 것이다. 콩 박사는 절대로 그렇게 만들 수 없었다.

 "이 끔찍한 지네봇들아, 당장 꺼져! 난 천재 로봇 공학자 엘리자베스 콩이야. 여기서 빠져나가기만 해 봐. 지네봇들을 다 고물로 만들어 버릴 테야. 로봇 폐기장에서 납작이가 될 준비나 하시지! 으악, 뜨거워. 살려 줘."

 순간 로보슈타가 눈을 번쩍 떴다.

 "구조 신호 포착. 엘리자베스 콩 박사님을 살린다."

로보슈타는 작고 귀여운 머릿속에 든 인공 지능으로 재빨리 박사를 구할 방법을 계산했다.

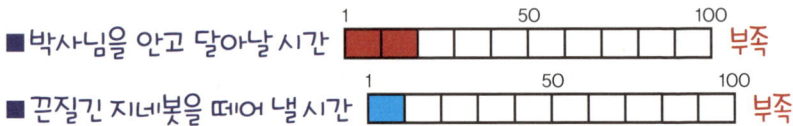

로보슈타는 제 몸을 풍선처럼 쭉쭉 늘려 엘리자베스 콩의 몸을 완전히 감쌌다. 펑! 곧바로 강력한 폭발이 일어났다. 지네봇들과 함께 로보슈타까지 산산조각이 나고 말았다. 천장은 무너지고 바닥은 깊이 패여 대전시회장은 폐허가 되었다. 하지만 나머지 알파 타워에는 약간의 진동과 소음만 있었을 뿐 다른 피해는 없었다.

"위험 물질 제거 완료. 폭발 당시 시간 여행이 가능한 웜홀이 0.0038초 동안 개폐됨. 엘리자베스 콩 박사님의 생존 신호 포착, 구급 로봇 투입합니다."

2088년 알파 시티에서 알파의 맑은 목소리가 울려 퍼지는 가운데, 웜홀의 다른 쪽 끝에서는 정체를 알 수 없는 에너지가 2017년 과거로 쑥 빠져나갔다.

인공 지능 세상의 로봇 3원칙

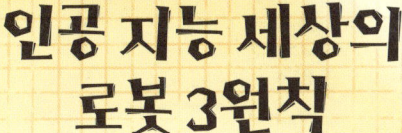

인공 지능 로봇에게는 반드시 지켜야 할 원칙이 있다. 로봇 3원칙은 법률가나 로봇 공학자가 아닌 소설가 아이작 아시모프가 만들었다. 아시모프는 미래의 로봇 세상을 배경으로 소설을 쓰면서 사람과 로봇이 안전하게 살아가기 위한 법칙이 필요하다는 것을 느낀 것이다.

제1원칙
로봇은 인간에게 해를 끼쳐서는 안 되며 위험에 빠진 인간을 그냥 지나쳐도 안 된다.

제2원칙
로봇은 인간이 내린 명령을 반드시 따라야 한다. 하지만 그 명령이 1원칙을 거스르는 것이라면 따르지 않아야 한다.

제3원칙
로봇은 1원칙과 2원칙을 지키는 한도 내에서 자기 자신을 보호해야 한다.

이후 아시모프는 로봇의 원칙을 하나 더 추가해 그것을 0번째로 정했다. 제0원칙은 로봇이 인류 전체에 피해를 주는 일을 막기 위한 것이기 때문에 로봇 3원칙에 앞선다.

제0원칙
로봇은 인류에게 해를 끼쳐서는 안 되며 인류를 위험한 상황에 방치해서도 안 된다.

1

결정 장애 안천재가 고민해야 하는 경우의 수는?

흰 눈이 소복소복 쌓인 크리스마스 아침이었다. 반짝이는 크리스마스트리 밑에 선물 상자가 수북이 쌓여 있었다. 안천재는 헤벌쭉 웃으며 선물의 개수를 셌다.
 "하나, 둘, 셋…… 마흔 아홉, 쉰. 아아, 이렇게 많이 주시지 않아도 되는데……."
 갑자기 천재의 눈이 번쩍 뜨였다. 예감이 좋았다. 천재는 벌떡 일어나 크리스마스트리로 달려갔다. 산타 할아버지가 그걸 주셨을까? 주셨겠지? 주셨기를! 조마조마한 마음으로 엄청나게 크고 무거운 상자의 포장지를 펼쳤다. 딱딱한 선물이 정체를 드러낸 순간 천재는 숨이 턱 막혔다.

    탁탁탁, 경쾌한 발걸음 소리와 함께 동생 미소가 뛰어나왔다. 미소는 원했던 네일아트 핸드백을 받고 좋아서 팔짝팔짝 뛰었다.

    "와! 산타 할아버지, 고맙습니다! 오빠 건 뭐야?"

    천재의 선물을 확인한 순간 미소의 얼굴에 햇살처럼 환한 웃음이 번졌다. 미소가 깔깔거리며 소리쳤다.

    "와! 백과사전? 그것도 50권이나? 산타 할아버지가 그거 들고 오느라 엄청 고생했겠다."

    "시끄러워!"

    천재는 킬킬거리는 동생에게 신경질을 냈다.

    "엄마, 오빠가 나한테 화내. 자기가 산타 할아버지한테 늦게 말했으면서."

    미소 말이 맞아서 더 화가 났다. 천재는 어젯밤 늦게야 산타 할아버지에게 받고 싶은 크리스마스 선물을 결정했다.

레고도 갖고 싶고, 우쿨렐레도 갖고 싶고, 드론도 갖고 싶고, 로봇도 갖고 싶어서 한 가지만 고를 수 없었기 때문이다.

"그냥 우쿨렐레로 해. 어차피 사야 되잖아."

엄마가 권했을 때 천재는 고개를 저었다. 어차피 사야 할 우쿨렐레에 아까운 산타 찬스를 쓸 수는 없었다.

"그럼 드론 중에서 싼 걸로 해. 아무튼 빨리 좀 골라. 안 그러면 산타 할아버지가 아무거나 준다!"

엄마의 거듭된 재촉에도 천재는 선뜻 대답을 못 했다. 일 년 중 가장 중요한 결정이니, 최고로 잘해야 한다는 부담감으로 머릿속이 하얘졌다. 천재는 마음을 가라앉히기 위해 다리를 달달 떨면서 콧구멍을 후볐다. 열 손가락을 골고루 써서 정성껏! 그래도 별 도움은 안 됐다. 마침내 백 번, 천 번도 더 바뀌는 마음을 다잡고 선물을 정한 시간은 크리스마스 전날 밤 11시 38분!

'산타 할아버지, 너무 늦게 말해서 죄송하지만 최신 로봇을 꼭 갖고 싶어요. 인터넷도 되고, 영상 통화도 할 수 있고, 영화도 볼 수 있는 거로요.'

천재는 간절한 편지를 남기고 잠이 들었다. 하지만 산타 택배가 벌써 떠난 뒤였나 보다.

"아무리 그래도 백과사전이 뭐야? 나 공부 안 해."
"그래만 봐라. 내년부터는 산타 할아버지가 아무것도 안 해 줄 테니."

천재는 심통을 부리다 크리스마스 아침부터 엄마에게 된통 혼만 났다. 천재는 홧김에 밖으로 뛰쳐나갔다. 정말 끔찍한 선택이었다. 온 세상이 꽁꽁 얼어붙어 있었다. 얼음 같은 찬바람은 천재를 북극으로 날려 버릴 기세로 쌩쌩 불었고 눈발까지 휘몰아치기 시작했다. 깜짝 놀란 천재는 편의점으로 뛰어들었다.

"아, 따뜻해. 살았다."

천재는 주머니에 든 전 재산을 꺼냈다. 2000원. 과자 하나, 음료수 하나를 겨우 살 수 있는 금액! 천재는 편의점의 온갖 먹을거리들을 훑으며 고민에 빠졌다.

'과자를 뭘로 살까? 달달한 거? 짭짤한 거? 초콜릿이 들어 있는 거? 음료수는 뭘로 살까? 콜라? 사이다? 아니면 스포츠 음료?'

천재는 인생의 마지막 과자를 고르는 사람처럼 고민에 고민을 거듭했다. 겨우 먹고 싶은 과자와 음료수를 몇 가지로 추렸을 때 문득 뒤통수가 따가웠다. 슬그머니 돌아보니 편의점 형이 뚫어져라 쳐다보고 있었다. 편의점

형은 천재가
과자 도둑이 아닌지
의심하는 중이었다. 천재는
전에도 이런 의심을 받은 적이 있었다.
학교 앞 문구점 아줌마가 오랫동안 이것저것
만지기만 하는 천재를 의심했었다. 지금은 천재의 결정 장애를 잘 알아서 아무리 오래 골라도 의심은 하지 않는다. 가끔 잔소리는 해도.

"뭔 놈의 딱지를 한 시간이나 고르냐? 뜸 들이다 밥이 똥 된다. 아무거나 사."

그때마다 천재는 집히는 대로 아무거나 골랐다가 두고두고 후회를 했다.

"저기……, 뭘 먹어야 좋을지 몰라서 고민 중이에요."

천재는 편의점 형에게 조심스럽게 말했다.

"그래? 뭐 뭐 중에 고민인데?"

"과자는 달콤한 고구마 맛, 바나나 맛. 짭짤한 감자 맛, 새우 맛. 음료수는 콜라, 사이다, 파란 스포츠 음료. 이 중에서 골라 보려고요."

"과자 4개, 음료수 3개, 4+3=7. 7개 중에 1개 고르는 게 어려워?"

"과자 중에 1개, 음료수 중에 1개, 2개를 고를 거예요."

"7개 중에 2개? 그럼 더 쉽겠네."

"훨씬 더 어렵거든요. 과자 4개 중에 1개, 음료수 3개 중에 1개를 동시에 골라야 한다고요. 이럴 때는 과자 고르는 방법 4가지와 음료수 고르는 방법 3가지를 곱해서

음료수 과자	콜라	사이다	스포츠 음료
고구마			
바나나			
감자			
새우			

4×3=12(가지). 12가지 경우 중 1가지를 골라야 해요."

"와! 과자도 못 고르는 녀석이 수학은 잘하네. 혹시 너, 천재냐? 아무튼 네 식으로 말하자면, 1가지 경우당 2분씩만 고민해도 12×2=24(분). 24분은 고민해야겠구나. 어휴~, 네 인생도 좀 피곤하겠다. 아무튼 천천히 골라 봐라."

편의점 형은 혀를 쯧쯧 차며 기다렸다.

천재는 오래오래 생각하고, 비교한 끝에 고구마 과자와 콜라를 샀다. 공들여 고른 과자를 와사삭

씹은 순간 콜라에는 짭짤한 감자 스낵이 낫겠다는 생각이 들었다.

'뭘 골라도 후회야. 난 늘 왜 이럴까?'

천재는 고구마 과자에게 와작와작 화풀이를 하며 편의점을 나섰다.

눈발은 더욱 거세졌다. 바람도 더 세차게 불었다. 천재는 고개를 들어 뿌연 하늘을 쳐다보았다.

 그런데 갑자기 강한 빛이 번쩍하더니 로봇 하나가 하늘에서 뚝 떨어졌다. 작고 귀엽지만 강인해 보이는 로봇은 당당하게 찻길 한가운데로 걸어갔다. 하필이면 반대편에서 무시무시하게 우람한 25t(톤) 트럭이 쌩쌩 달려오는데!
 로봇은 트럭과 정면으로 부딪혔다. 천재는 두 눈을 질끈 감았다. 누군가의 크리스마스 선물인지도 모를 로봇이 처참하게 부서졌겠구나! 그것도 크리스마스 아침에!
 "찾았다. 너, 내가 보이지?"
 안천재는 눈을 번쩍 떴다. 트럭에 치여 산산조각이 났을 로봇이 멀쩡한 모습으로 말을 걸었다.
 "우와! 엄청 센 로봇이다."
 천재는 트럭하고 맞붙어 깔끔하게 이긴 로봇에게 홀딱 반했다.

최적의 선택을 위한 알고리즘 순서도

'이렇게 좋은 로봇의 주인은 어디 있을까?'
천재는 둘레둘레 주위를 돌아보았다.
"로보슈타, 네 주인은 어디 있어? 어디서 널 조종하고 있니?"
"조종이라고? 와, 자존심 상해. 난 우주 최강 로봇이야. 너보다 100배는 똑똑한 인공 지능으로 스스로 생각하고 판단하지. 내가 얼마나 힘이 센지는 방금 전에 봤지? 비행 속도는 또 얼마나 빠르다고!"
로보슈타는 무섭게 빠른 속도로 날아서 슝슝 쌩쌩 공중에 별을 수십 개나 그렸다. 착륙도 어찌나 매끄러운지 바닥에

발을 딛는 소리도 나지 않았다.
"어때? 감동했지? 나는 우주선 없이 화성까지 다녀올 수도 있어. 두 달이면 돼. 물론 나쁜 외계인을 만나면 시간이 더 걸릴 수도 있지. 두 달 하고 30초 정도? 웃겼지? 핫핫핫. 난 농담도 아주 잘해. 위기 상황에서도 사람을 웃게 만드는 유머 기능이 있거든. 나, 로보슈타는 사람을 돕는 착한 로봇이니까!"

다른 건 몰라도 로보슈타에게 수다 기능이 있는 것만은 확실했다. 같이 있으면 정말 재미있겠다! 산타 할아버지는 나한테도 이런 로봇을 선물해 주지!

천재는 눈을 반짝반짝 빛내며 주위를 둘러보았다. 최첨단 로봇을 훔칠 마음이 들어서 그런 건 절대 아니었다. 로봇이 또 교통사고를 당하면 어쩌나 걱정이 돼서, 트럭하고 두 번씩이나 부딪히면 인공 지능도 기분이 나쁠 테니까, 아무도 데려갈 사람이 없다면 그냥 잠시 보호하고 싶은 생각이 스멀스멀 올라왔을 뿐!

"로보슈타, 너 진짜로 주인이 없어? 너를 만들거나 산 사람이 있을 거 아냐?"

"나를 만든 사람은 엘리자베스 콩 박사야. 나는 박사님을 도우러 가야 해. 나를 구하려다 크게 다쳤거든. 나는 우리를 공격한 나쁜 놈들을 꼭 찾아낼 거야."

"설마 복수하려고?"

"물론이지."

로보슈타는 강인한 로봇 주먹을 꽉 쥐어 보였다. 눈빛이 섬뜩한 핏빛으로 변했다. 천재는 저도 모르게 한 걸음 물러났다. 로보슈타는 눈동자를 착해 보이는 짙은 색으로 바꾸며 말했다.

"무서웠어? 농담이야. 로봇은 복수하지 않아. 만약 복수하는 로봇이 있다면 그건 로봇 탓이 아니라 그런 비겁한 프로그램을 짜 넣은 사람들 잘못이야. 난 박사님과

 알파 시티 시민들을 도우려는 거야. 아무 잘못이 없는 박사님과 나를 공격한 범인이라면 알파 시티의 다른 사람들도 공격할지 모르니까. 천재야, 나랑 같이 가 줄래? 네 도움이 필요해."

 우주 최강 로봇이 도움을 청하다니! 천재는 프로포즈라도 받은 것처럼 마음이 붕 떴다.

 "물론 가고 싶어. 하지만……."

 아무리 좋아도 단숨에 결정할 수 없는 것이 결정 장애 안천재의 비극적인 운명이었다.

 "잠깐만. 조금만 더 생각해 볼게. 이렇게 중요한 결정을 혼자 해도 될까? 가고는 싶은데 좀 무섭기도 하고, 이런 기회를 놓치면 아깝기는 한데……."

 천재가 중얼중얼 망설이고만 있자 로보슈타가 나섰다.

 "천재야, 걱정 마. 내가 도와줄게. 먼저 문제를 해체해서 순서대로 놓아 보자. 알고리즘으로 만드는 거지."

 "알고리즘? 그게 뭐야? 말만 들어도 어려운데?"

 "알고리즘은 어떤 문제를 명확한 규칙과 한정된 순서에 따라 해결하는 방법이야. 아무리 어려운 결정이나 복잡한 수학 문제도 알고리즘에 따라 단계별로 풀면 쉽게 해결할 수 있어. 컴퓨터는 이런 방식으로 일을 하지."

"진짜? 그럼 난 고민할 필요 없이 알고리즘을 따르기만 하면 돼?"

"당연하지. '안천재가 로보슈타를 만나면 어떻게 할까?' 이 문제를 해결할 우주 최강 알고리즘을 순서도로 보여 줄게. 순서도는 알고리즘을 알기 쉽게 기호와 그림으로 나타낸 거야."

우주 최강 알고리즘에 따라 천재는 로보슈타를

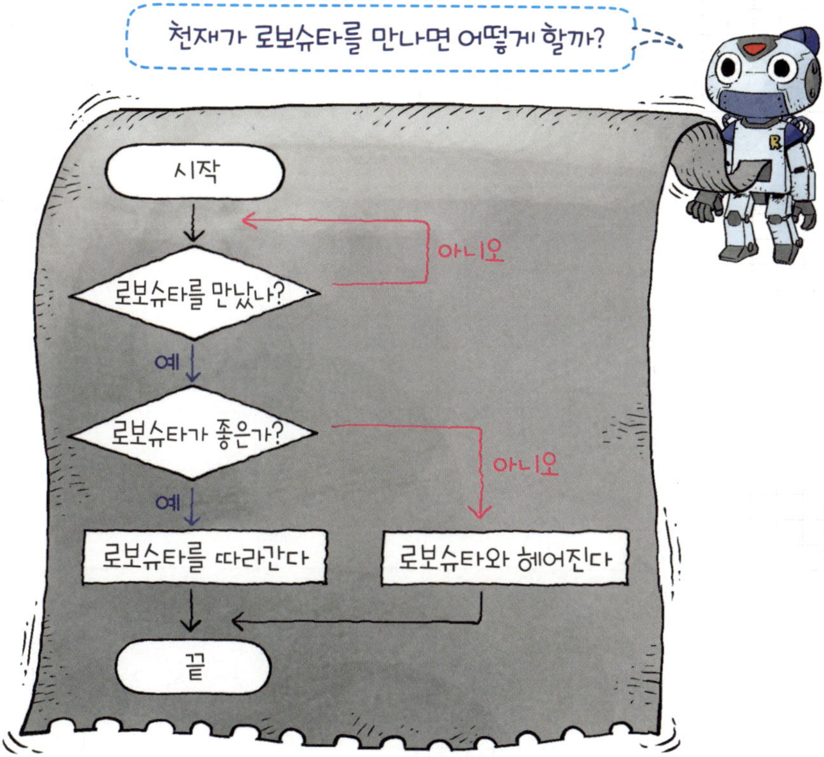

천재가 로보슈타를 만나면 어떻게 할까?

- 시작
- 로보슈타를 만났나? → 아니오 (반복)
- 예 ↓
- 로보슈타가 좋은가? → 아니오 → 로보슈타와 헤어진다
- 예 ↓
- 로보슈타를 따라간다
- 끝

따라가기로 했다. 로보슈타는 좋아서 팔짝 뛰며 외쳤다.
"좋았어. 당장 출발!"
"잠깐만!"
천재는 아직 할 일이 남았다. 천재에게는 집이 아닌 다른 곳에 갈 때 꼭 지켜야 할, 선택의 여지가 없는 규칙이 있었다. 천재는 그것을 알고리즘으로 나타내 보았다.

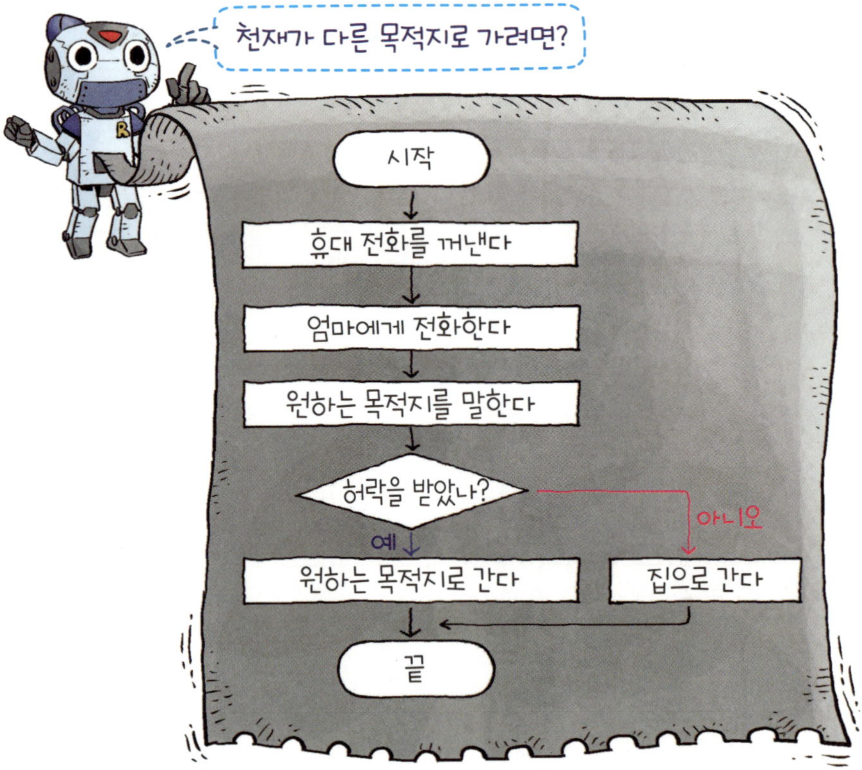

천재가 다른 목적지로 가려면?

시작
↓
휴대 전화를 꺼낸다
↓
엄마에게 전화한다
↓
원하는 목적지를 말한다
↓
허락을 받았나?
- 예 → 원하는 목적지로 간다
- 아니오 → 집으로 간다
↓
끝

 천재는 휴대 전화를 꺼내 엄마에게 허락을 받았다. 모든 준비 완료! 이번에는 천재가 들뜬 목소리로 외쳤다.
 "자, 출발!"
 "좋았어. 2088년 알파 시티로 출발!"
 "자…… 잠깐만. 2088년이라고? 설마 미래 말이야?"
 천재는 놀라서 말을 더듬거리며 로보슈타를 훑어보았다. 그러고 보니 로보슈타는 미래를 배경으로 하는 영화에 나올 법한 로봇이었다. 뛰어난 인공 지능, 엄청난 힘과 에너지, 매끄러운 관절, 사람 뺨치는 2족 보행, 놀라운 비행 속도, 인간과의 자연스러운 대화 능력…….
 "로보슈타, 설마 너 진짜로 미래에서 온 로봇 전사야?"

"미래에서 온 로봇은 맞는데 전사는 아니야. 난 평화를 사랑하는 로봇이거든."

로보슈타는 천재의 손을 덥석 잡았다. 하지만 천재는 로보슈타의 손을 느낄 수 없었다. 찌르르 약한 전류 같은 것이 손을 타고 온몸으로 흘러드는 느낌뿐!

"이제 알겠니?"

로보슈타가 떨리는 목소리로 물었다.

"응, 로보슈타 넌 진짜 로봇이 아니구나. 영화에서 보던……."

"그래, 맞아. 통계적으로 볼 때 다수의 인간 어린이들이 나를 무서워하지. 넌 아니겠지? 넌 특별하잖아."

"그럼~, 홀로그램이 뭐가 무서워. 와! 지금 내가 홀로그램 통신을 하고 있는 거야? 2088년 알파 시티에서 여기까지 홀로그램 로봇을 쏘았다니! 그런데 홀로그램이 사람을 어떻게 데려가?"

천재의 안 천재적인 머리로는 미래의 과학 기술을 짐작할 수조차 없었다. 로보슈타가 눈을 반짝이며 붕 떠올랐다.

"어렵게 생각하지 마. 과거나 현재나 미래나 유령의

 능력은 인간의 상상을 뛰어넘지."
 "유, 유령이라고? 최첨단 로봇도 유령 같은 거에 관심이 있니?"
 "다 그런 건 아니야. 하지만 난 우주 최강 로봇이 부서지면서 태어난 로봇 유령 로보슈타니까. 웜홀에 빠지는 바람에 원시적인 이 시대로 왔는데 이제 돌아갈 거야. 엘리자베스 콩 박사님을 구해야지."
 "자, 잠깐만……."
 천재는 두 손을 휘저으며 소리쳤다. 그 순간 로봇 유령이 천재의 몸을 붕 띄웠다.
 "나아안…… 유우……령이……."
 천재는 2017년 서울에서 시작한 말을 2088년 알파 시티의 제1알파 타워 187층 로봇 연구실에서 끝을 맺었다. 겁에 질려 덜덜 떨면서.
 "…… 무서워."

미스터리 수학

인간을 공격하는 인공 지능 킬러 로봇

2016년 12월, 러시아에서 테러리스트 한 명이 사살되었다. 테러리스트를 죽인 군인은 사람이 아니라 작은 장갑차처럼 생긴 로봇이었다. 공상 과학 영화에서처럼 로봇이 사람을 공격한 것이다. 비록 나쁜 테러리스트이기는 해도 로봇에 의해 인간이 사살되었다는 사실은 매우 충격적인 일이다. 어떻게 로봇이 인간을 공격하게 되었을까? 이유는 간단했다. 사람들이, 사람을 죽이는 킬러 로봇을 만들었기 때문이다.

치명적인 무기를 장착한 로봇과 군사용 비행 로봇은 이미 많다. 그런데도 여러 나라에서는 스스로 적을 판별해 공격할 수 있는 인공 지능 킬러 로봇 개발에 앞장서고 있다. 우리나라의 비무장 지대(군사 시설이나 인원을 배치하지 않은 지대)에도 총을 든 로봇이 보초를 서고 있다. 아직은 사람의 명령에 따라 움직이지만 언제라도 인공 지능 킬러 로봇으로 바뀔 준비가 되어 있다.

유령 사냥꾼과
청소 로봇 사각이

"외부인 침입! 외부인 침입!"

천재가 콩 박사의 연구실에 발을 딛자 날카로운 목소리가 울려 퍼졌다. 동시에 벽에서 기다란 로봇 팔이 쑥 튀어나와 천재의 손목을 낚아챘다. 우주 최강 알고리즘을 따른 결과, 천재는 정체를 알 수 없는 로봇 팔의 손아귀에 잡힌 것이다.

"아웅, 내 선택은 또 실패야?"

천재는 로봇에게 잡힌 팔목을 비틀며 울먹였다. 그 순간 로보슈타가 레이저를 쏘아 천재의 손목에 마이크로 QR 코드를 입력했다.

"응? 천재네? 박사님 걱정돼서 왔어?"

　로봇 팔은 천재의 팔목을 부드럽게 놓았다. 어리둥절한 천재에게 로봇 유령이 속삭였다.
"이 팔 로봇은 콩 박사님의 조수, 안나야. 안나는 네가 콩 박사님의 천재 조카인 줄 알아. 가짜 QR 코드 덕분이야. 이 정사각형 모양의 불규칙한 무늬 속에 네가 박사의 조카라는 정보가 담겨 있지."
"좋았어. 천재 천재 천재,

당장 퀴즈를 내놓아라. 오늘은 절대 안 봐줄 테다."

안나는 주먹으로 다른 손바닥을 툭툭 치며 경쾌하게 말했다. 로보슈타가 또 속삭였다.

"콩 박사님의 조카는 진짜 똑똑한 천잰데, 안나를 만날 때마다 퀴즈를 내. 너도 얼른 문제를 내. 안나가 네 정체를 눈치채면 끝장이야!"

다행히 천재는 수학 문제 하나를 떠올렸다. 정답은 가물가물했지만 목숨이 위험하니 일단 문제부터 내 보기로!

"대칭수 알죠? '토마토'처럼 앞으로 읽어도, 뒤로 읽어도 똑같은 수 말이에요. 두 자리 수에서 대칭수는 11, 22, 33, 44, 55, 66, 77, 88, 99. 9개예요. 그럼 세 자리 수에서 대칭수는 모두 몇 개일까요?"

안나는 손가락을 경쾌하게 움직이며 정답을 찾았다.

"이번 문제는 너무 쉽군. 근데 갑자기 왜 존댓말이야? 나는 너보다 훨씬 많은 간접 경험과 학습을 통해 너보다 훨씬 훌륭하게 진화했지만 나이는 더 어리잖아. 난 5년 전에 개발됐고, 넌 10년 전에 태어났잖니!"

"딴청 부리지 말고 정답이나 말하시지!"

천재는 의심할 틈을 주지 않으려고 급하게 밀어붙였다.

"좋아, 0.00002초 만에 푼 정답은 90개. 당연히 맞았지?"

　천재는 대답을 할 수 없었다. 정답을 몰랐으니까. 안나는 즐거운 듯 깔깔 웃었다.

　"뭐야? 정답을 몰랐어? 오늘 왜 이러지? 진짜 천재가 아니신가? 세 자리 대칭수는 백의 자리와 일의 자리의 숫자가 같잖아. 101, 212, 333, 454……. 이런 식으로 말이야. 기호로 나타내 보면 '■△■'가 되지. ■가 될 수 있는 수는 1~9까지 9개, ■가 0이면 세 자리 수가 안 되는 건 알겠지? △가 될 수 있는 수는 0~9까지 10개. 그러니까 세 자리 대칭수의 개수는 9×10=90. 90개야. 설마 이걸

몰랐던 거야, 천재 조카?"

"알았거든! 박사님 걱정에 잠시 정신이 나갔던 거야. 박사님은 죽지 않겠지?"

천재는 진짜 조카가 물을 법한 질문을 던지고는 안나의 눈치를 보았다. 다행히 안나는 의심하지 않았다.

"천재야! 알파 시티에서 사람이 죽을 확률은 매우 낮아. 겨우 0.00044%니까. 어쨌든 박사님이 다시 연구실에 돌아오시면 너보다는 나랑 더 가까워질 거야. 지금 박사님 몸에 이식할 로봇 장기를 무려 7개나 주문해 놨거든! 그럼 난 이만 쉴게. 놀다 가렴. 참, 오늘은 왜 꼬박꼬박

박사님이야? 전에는 콩 이모라고 부르지 않았나?"

안나는 벽 속으로 숨어 버렸다. 천재는 그제야 마음을 놓고 연구실을 둘러보았다. 넓은 창으로 알파 시티를 이루는 높은 타워들이 한눈에 들어왔다. 타워와 타워 사이를 잇는 매끈한 다리, 쌩쌩 날아다니는 무인 항공기, 제2알파 타워의 꼭대기에 우뚝 솟은 공기 정화기······. 천재는 진짜 미래 도시에 와 있는 과거 소년이었다.

"로보슈타, 나 구경 좀 하고 올게."

천재는 연구실 문을 벌컥 열고 복도로 뛰쳐나가다 우뚝 멈춰 섰다. 조금 전에는 로보슈타가 유령인 것을 알고

무서워 벌벌 떨었는데 어느새 벌벌 떠는 것을 깜빡한 것이다.

"아유, 깜빡한 것도 깜빡할걸! 아무튼 로보슈타, 로봇이 어떻게 유령이 된 거야? 난 어떻게 유령을 볼 수 있지?"

"내가 너무 똑똑한 로봇이라 유령이 된 거지. 그리고 넌 예전부터 유령의 친구였잖아, 알면서!"

로보슈타가 천재의 어깨를 툭 친 순간 천재의 마음속에 유령의 기억들이 줄줄이 떠올랐다. 온갖 유령들이 찾아와 보물을 찾아 달라, 암호를 풀어 달라, 미로에서 꺼내 달라……, 부탁하고, 속이고, 협박하고, 괴롭히고……. 오싹하고 소름 끼치고 식은땀이 나야 마땅한 기억들이었다. 하지만 끔찍해야 할 유령 기억 속에서 수학 탐정 유령이 떠오르자 천재는 마음이 편안해졌다. 유령 세계에 미스터리한 사건이 일어날 때마다 찾아와, 잘난 척은 혼자 다하며 사건 해결은 천재에게 떠넘기던 게으르고 겁도 많지만 의리의 유령 마방진.

"마방진도 함께 왔으면 좋았을걸. 나 혼자라도 많이 구경해야지!"

천재는 들떠서 뛰어나갔지만 곧 엄청난 절망에 빠지고 말았다. 미로 같은 알파 시티에서 길을 잃었기 때문이다.

"뭔 미래 도시가 이래? 사람은 왜 한 명도 없어? 완전 유령 도시가 따로 없네. 그러니까 로봇도 유령이 되지."

투덜거리는 천재의 귀에 사각거리는 소리가 들렸다. 천재는 소리가 나는 곳으로 단숨에 달려갔다. 그곳에는 웬 할아버지와 정육면체 주사위 모양의 청소 로봇이 벽을 따라 천천히 걷고 있었다.

"할아버지, 콩 박사님의 로봇 연구소가 어디예요?"

"몰라. 그런 걸 왜 사람한테 물어. 모르는 게 없는

알파한테 물어봐."

 할아버지는 새끼손가락으로 콧구멍을 쑤시면서 천재를 쳐다보다가 대뜸 엄청나게 큰 코딱지를 바닥으로 튕겼다. 청소 로봇이 스르륵 사각사각 코딱지를 빨아들였다. 할아버지는 씩 웃으며 이번에는 검지를 콧구멍에 쑤셔 넣었다.

 "어휴, 그새 코딱지를 다 파 버렸네. 아무것도 안 나와."

 할아버지는 주머니에서 부스럭거리던 종이 조각을 꺼내 바닥으로 휙 던졌다. 청소 로봇은 또 사각사각 쓰레기를 빨아들였다. 천재는 첨단 알파 시티에 어울리지 않는 구식 청소 로봇과 지저분한 할아버지를 이해할 수 없었다.

 "할아버지, 왜 깨끗한 바닥에 쓰레기를 버려요?"

 "심심해서. 내가 쓰레기를 버리면 벽에서 사각이가 튀어나와 나를 쫓아다니며 사각사각 말을 하잖냐! 얼마나 귀여워. 사각이를 쫓아다니며 운동도 하고 말도 하지. 사각이는 꼭 우리 흰둥이를 닮았어. 아이고, 다리야. 좀 앉자."

할아버지가 한쪽 벽에 엉덩이를 대자 스르르 의자가 튀어나왔다.

"얘야, 너도 나처럼 슝 소파에 좀 앉아라. 어린애가 슈퍼윙윙보드를 안 타고 다니는 걸 보니 다리가 고무줄만큼 허약한 녀석이지? 이따 슝 소파에게 콩 박산지 팥 박사한테 데려다 달라고 해."

천재는 엉덩이를 조심스럽게 벽에 댔다. 폭신한 의자가 스르르 튀어나왔다.

"와! 여기 진짜 멋지네요."

"응? 넌 알파 시티 애가 아니냐?"

할아버지는 눈을 가늘게 뜨고 천재를 쳐다보더니 주머니에서 리모콘처럼 생긴 기계를 꺼내 천재의 머리를 앞뒤로 쓸었다. 삐뼥 삐뼥, 기계가 몇 번 울리다 꺼졌다.

"너, 유령은 아니지? 유령 탐지파가 좀 감지됐는데……. 난 유령 사냥꾼이야. 유령 사냥꾼 안 할배라고 불러라."

"유령 사냥꾼이요? 어쩌다 그런 직업을 골랐대요?"

"젊어서는 이런저런 다른 일들을 했지. 유령 사냥꾼은 취미였고. 사실 유령 사냥꾼은 강해 보이려고 붙인 이름이고 난 유령의 친구야. 취미 삼아 유령들을 도와주고, 나쁜 유령은 같이 해치우고 그랬지. 유령들이 자꾸 나를

찾아왔거든. 이제는 늙어서 할 수 있는 직업이 없으니 본격적으로 유령 사냥꾼이 되어 보려는데 다 틀렸어. 유령이 멸종했거든. 난 실업자야."

"멸종이요? 왜요? 설마 유령이 다 죽은 건 아니죠?"

"예끼, 유령이 어떻게 죽냐? 벌써 죽어서 유령이 된 건데. 문제는 사람이 안 죽는 거야. 의학이 너무 발달해서 사람이 죽지 않으니 유령이 안 생기지. 이제 유령 사업은 다 틀렸어. 로봇이 유령이 된다면 또 모를까."

안 할배는 입을 떡 벌린 채 듣고 있는 천재의 얼굴을 꼼꼼하게 뜯어보았다.

"이해가 잘 안 되냐? 하긴 얼굴을 보니 넌 별로 똑똑해 뵈지 않는구나."

천재는 섭섭해서 발끈했다.

"아니거든요. 전 천재거든요."

'안' 자는 슬쩍 빼고 말했다. 안 할배는 장난스럽게 눈을 흘기며 대꾸했다.

"나도 천재다, 이놈아."

쓰레기가 더는 나오지 않자 사각이는 벽에 몸을 붙였다. 그러자 벽이 사각이의 몸을 흡수하는 것 같았다. 안 할배는 재빨리 쓰레기를 던졌다.

읽고 나보다 더 나를 잘 아는 척하거든. 꼭 내 배 속을 들여다보고 있는 것 같다니까."

"배 속이 아니라 머릿속이겠죠."

"아무튼 난 사각이처럼 적당히 거리가 있는 로봇이 좋아."

안 할배와 천재는 주머니 속에 있는 먼지를 탈탈 털었다. 갑자기 앙칼진 목소리가 울려 퍼졌다.

"안 할아버지! 알파 시티를 그만 더럽히고 당장 집으로 돌아가세요. 그리고 콩 박사님 조카인 천재 소년! 바보 같은 짓 그만해."

천재는 엄마의 말투랑 꼭 닮은 알파의 명령에 저절로 복종했다. 하지만 안 할배는 당당하게 반격했다.

"안 가겠다면 어쩔 거야? 알파 넌, 다리가 없으니까 날 쫓아오지도 못하잖아."

"흥! 마음대로 해요. 코딱지를 아무리 뿌려도 사각이는 그만 사라질 테니까. 알파의 명령이다. 사각이는 사라져!"

사각이는 모퉁이로 미끄러져 가 벽으로 스며들었다. 안 할배는 모퉁이를 향해 한참 동안 손을 흔들었다. 손자라도 보내는 듯 아쉬운 눈빛이었다.

유령 탐지파의 속력을 정확하게 계산하라!

천재는 눈동자를 슬그머니 굴려 주위를 살폈다. 유령은 꼬리도 보이지 않았다.

"안 할배, 유령 탐지기는 어떻게 유령을 찾아요?"

"탐지기에서 유령을 알아내는 유령 탐지파가 나오거든. 유령 탐지파의 속력이 얼마나 빠른 줄 아냐? 5초 동안 1700m나 움직이지."

안 할배는 자랑스럽게 말했다. 수학이라면 좀 자신 있는 천재는 유령 탐지파의 속력을 계산해 보았다.

'속력은 일정한 시간 동안 물체가 이동한 거리, 즉 물체의 빠르기를 뜻해. 1초 동안 10m를 이동하면 10m/s, 1시간에

100km를 이동하면 100km/h로 나타내지.'

속력 = 이동 거리 ÷ 걸린 시간
유령 탐지파의 속력 = 1700(m) ÷ 5(s) = 340(m/s)

"유령 탐지파가 1초에 340m로 간다고요? 초속 340m, 그거 어디서 많이 들어본 빠르긴데……. 맞다! 소리의 속력과 같잖아요. 와, 유령 탐지파 장난 아니네요!"
"오, 너 좀 똑똑한걸!"
안 할배는 박하게도 조금만 감탄했다.
"그래도 넌 진짜 천재는 아니구나. 네 말은 틀렸어. 소리의 속력은 온도에 따라 달라지니까 그냥 초속 340m라고 하면 안 돼. 소리는 0℃일 때가 초속 331m이고, 온도가 1℃씩 올라갈 때마다 초속 약 0.6m씩 올라가거든. 여기의 실내 온도는 25℃니까, 331+0.6×25=346(m/s). 여기서는 소리가 1초에 약 346m를 움직이지. 하지만 유령 탐지파는 언제, 어디서나 초속 340m야. 얼마나 엄청난 차이냐!"
천재는 속이 부글부글 끓었다. 천재도 수학이라면 우등생쯤은 되는데, 안 할배는 컴퓨터쯤 되는 것처럼 '정확'을 주장하며 빼기니 말이다.

"쳇, 빡빡하시긴! 전 어림한 거거든요! 직접 계산한 게 아니라 대강 알아본 거라고요. 아니, 안 할배처럼 정확하게 말하자면 '버림'을 했어요. 버림 알죠? 구하려는 자리의 아래 자리 수 모두를 과감하게 버려서 0으로 나타내는 방법이요. 버림을 해서 십의 자리까지 구하니까 초속 340이 맞아요."

천재는 아는 수학 개념을 총동원하여 자기가 맞다고 빡빡 우겼다.

버림하여 나타내기
- 십의 자리까지 나타낼 때: 346 ----▶ 340
  일의 자리 수를 버린다.
- 백의 자리까지 나타낼 때: 346 ----▶ 300
  십의 자리 수와 일의 자리 수를 버린다.

"쳇, 어림한 거라면 초속 340m'쯤'이라고 했어야지."

안 할배도 끝까지 우기며 천장을 바라보았다. 유령 탐지기가 천장에 붉은 빛을 쏘며 삑삑거렸다.

"유령이 나타나면 무지개 빛깔을 터트리며 삑삑거리는데, 소리는 나지만 빛이 안 나오는 걸 보면 역시 고장인가?"

　천재도 안 할배를 따라 먼지 하나 없는 높은 천장을 쳐다보았다. 순간 로보슈타의 모습이 떠올랐다. 천재는 심장이 덜컹 내려앉는 것 같았다.
　"안 할배, 유령 탐지기가 로봇 유령도 찾아내나요?"
　"로봇이 어떻게 유령이 되냐? 죽지도 않고 영혼도 없는데."
　안 할배의 말이 끝나기가 무섭게 위층에서 로봇 유령이 붕 떨어졌다. 하필이면 안 할배의 코앞으로 뚝!
　"으헉! 유령? 로봇? 로봇 유령이다!"
　안 할배는 놀라서 유령 탐지기를 집어던졌다. 천재는 얼떨결에 유령 탐지기를 덥석 받았다. 삑삑삑, 유령 탐지기는 로봇 유령을 가리키며 미친 듯이 울렸다. 무지개 빛을 번쩍번쩍 터트렸다. 너무나 시끄럽고 번쩍거려서 할배와 천재는 정신이 반쯤 나갔다. 하지만 로보슈타는 우주 최강 로봇답게 침착했다.
　"인간 여러분, 이렇게 떠들면 알파한테 혼나요!"
　로보슈타는 먼저 유령 탐지기를 껐다. 로보슈타는 유령이라서 물건을 직접 만지거나 옮길 수는 없지만 로봇이기도 해서 전파나 레이저 등을 쏘아 기계를 작동할 수 있었다. 천재의 손목에 마이크로 QR 코드를 새긴 것도

그런 능력 덕분이었다.

"안 할아버님, 또 할아버님이세요? 아무리 떠들어도 사각이는 안 보내 줄 거예요."

로보슈타의 활약에도 불구하고 알파는 이 소동을 알아채고는 우주 최강 잔소리를 퍼부었다. 그래도 로봇 유령의 존재를 알아채지는 못했다. 알파의 센서에는 유령의 모습도, 소리도 잡히지 않기 때문이었다.

"알았어, 알파. 바쁠 테니 그만 일 봐. 나한테 신경 끄라고."

안 할배는 알파를 따돌리고 천재에게서 유령 탐지기를 빼앗았다. TV 리모컨만큼 작은 유령 탐지기 속에는 특수 전파로 만든 유령 그물, 유령 화살, 유령 밧줄, 유령 감옥 등 별별 장비가 다 들어 있었다. 안 할배는 재빨리 유령 그물을 던졌다. 로봇 유령은 더 빨리 피했다.

"안 할배! 감히 나를 잡으려고요? 내가 얼마나 빠른데요. 궤도가 좋으면 두 달 만에 화성까지 갔다 올 수도 있는 로봇이라고요!"

"쳇, 로봇 좋아하시네. 넌 유령이야. 이 유령 사냥꾼이 놓칠 줄 알아? 유령 천국으로 보내 주마."

안 할배는 80대 할아버지라고는 믿을 수 없을 만큼 날쌔게 로보슈타를 쫓았다. 다리가 아프다며 슝 소파에 앉을 때와는 전혀 딴판이었다. 둘은 쫓고 쫓기며

기어이 알파 시티의 꼭대기 층에 있는 우주 정거장 문턱까지 올라갔다. 유령은 유리문을 훌쩍 날아 우주 정거장으로 넘어갔다. 하지만 안 할배와 천재는 상냥한 안내 로봇에게

가로막히고 말았다.

"우주 정거장 이용 시간이 끝났습니다. 다음에 이용해 주시기 바랍니다."

안 할배는 로보슈타를 손가락질하며 소리쳤다.

"유령은 되고 사람은 안 된다는 거야? 당장 문 열어!"

"안 할아버지, 알파 시티에 유령은 없습니다. 오늘은 그만 돌아가십시오."

"시각 센서가 있으면 똑바로 좀 봐. 네 뒤에 유령이 있어."

"우주 정거장 이용 시간이 끝났습니다. 돌아가십시오."

안내 로봇은 변함없이 상냥하게, 같은 말을 되풀이했다.

그래도 안 할배가 떼를 쓰자 알파를 불렀다.

"안 할아버님, 한 번만 더 문제를 일으키면 알파 법에 따라 체포할 겁니다. 경비 로봇에게 끌려가고 싶어요?"

안 할배는 하는 수 없이 돌아섰다. 하지만 사사건건 간섭하는 알파한테 화가 나서 사방으로 손가락질을 하며 화를 퍼부었다.

"알파, 네가 여기 대장인 줄 알아? 알파 시티는 나 같은 시민들의 것이라고!"

알파는 인공 지능 컴퓨터답게 조금도 동요하지 않고 아주 공손하게 말했다.

"알파 시민 여러분, 알파는 시민 여러분을 위해 존재합니다. 시민들의

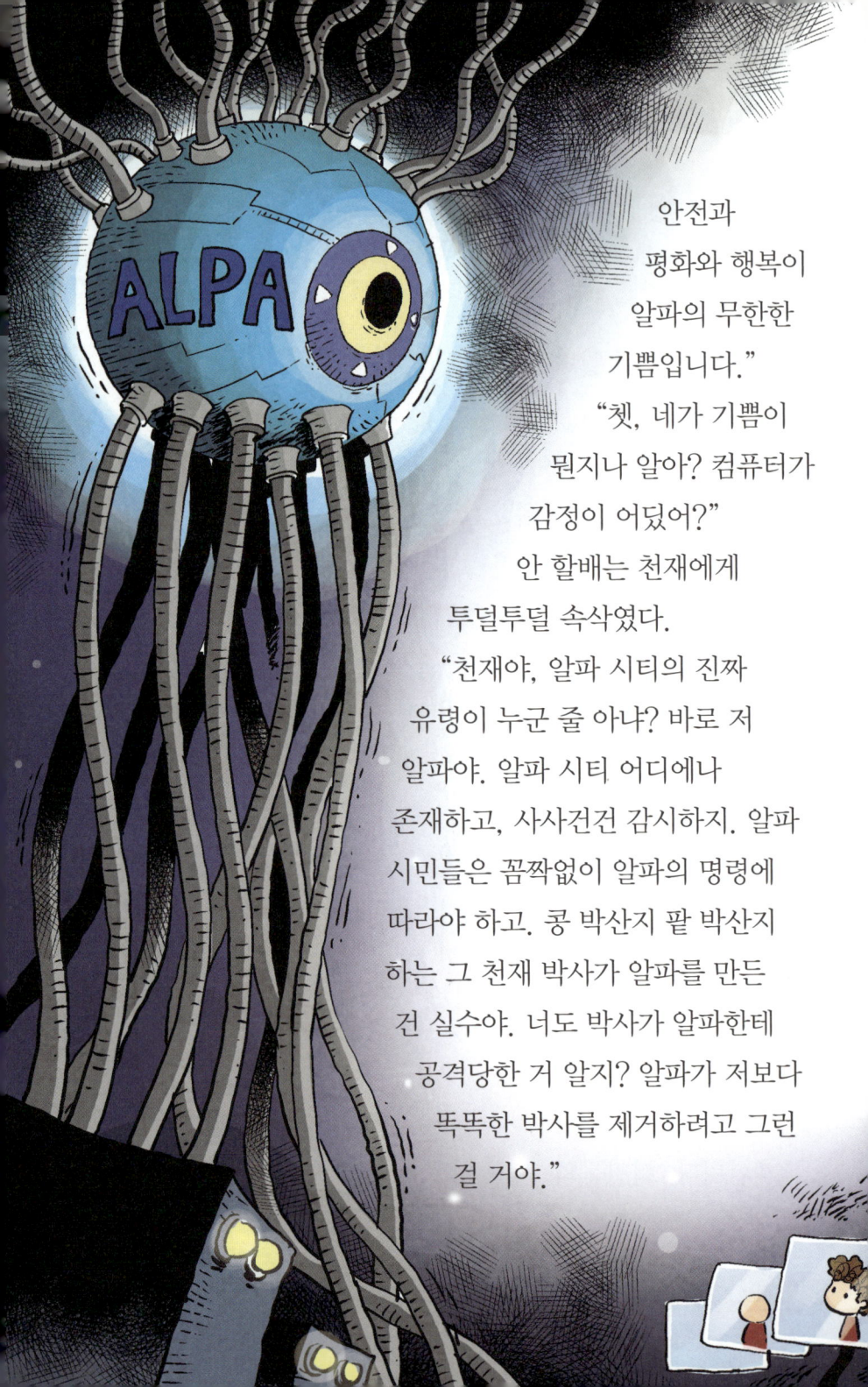

안전과
평화와 행복이
알파의 무한한
기쁨입니다."
"쳇, 네가 기쁨이
뭔지나 알아? 컴퓨터가
감정이 어딨어?"
안 할배는 천재에게
투덜투덜 속삭였다.
"천재야, 알파 시티의 진짜
유령이 누군 줄 아냐? 바로 저
알파야. 알파 시티 어디에나
존재하고, 사사건건 감시하지. 알파
시민들은 꼼짝없이 알파의 명령에
따라야 하고. 콩 박산지 팥 박산지
하는 그 천재 박사가 알파를 만든
건 실수야. 너도 박사가 알파한테
공격당한 거 알지? 알파가 저보다
똑똑한 박사를 제거하려고 그런
걸 거야."

"박사님은 알파가 아니라 경비 로봇에게 당했다던데요?"
"그게 그거야. 경비 로봇은 알파의 명령을 따르니까. 알파는 우리를 지배하려고 음모를 꾸미고 있어. 너도 조심해라."

안 할배의 나직한 목소리는 유령의 숨소리만큼이나 소름 끼쳤다. 천재는 두려움이 가득한 눈으로 주위를 두리번거렸다. 하얗기만 한 저 벽들 속에 알파 눈 수만 개가 들어 있다고 생각하니 소름이 끼치고 식은땀이 흘렀다. 두리번거리는 천재의 모습은 알파 시티의 모든 곳을 찍는 카메라들에 잡혀 알파의 인공 지능에 쏙쏙 모아졌다.

'천재의 체온, 맥박, 눈동자의 움직임이 평균 이상. 긴장도 매우 높음. 환영, 환청 있음. 최소 20일 이상 집중 관찰 필요함.'

분석 결과에 따라 알파는 천재를 C급 주의 관찰 대상으로 분류했다.

인공 지능의 판단
Vs 인간 초딩의 직감

  로보슈타는 우주 정거장을 나와 하늘 위로 날아올랐다. 화성까지 날아갈 수 있는 고성능 로봇이지만 시험 비행 이후 한 번도 자유롭게 날아 본 적이 없었다. 지난 12월 24일에 열릴 예정이었던 로봇 발표회 때까지 비밀을 유지하기 위해서였다.
  알파 시티 시민들도 좀처럼 알파 시티 밖으로 나가지 않았다. 거대한 빌딩인 제1, 2, 3 알파 타워로 이루어진 알파 시티 안에는 농작물을 키우는 논밭부터 공원, 학교, 병원 등 사람들에게 필요한 모든 것들이 있었고, 바깥은 공기가 너무 나빴다. 과학 기술의 발달로 생활이

편리해질수록 자연과 공기는 더욱 오염되었다. 급기야 자연을 되살리는 것보다 우주에 식민 도시를 건설하는 일이 더 경제적일 지경에 이르렀다. 알파 시티 회장이 화성에 쌍둥이 알파 시티를 건설하려는 것도 바로 그런 이유에서였다.

  로보슈타는 제1알파 타워를 나선형으로 빙빙 돌아 내려와 187층 높이에서 멈추었다. 유령답게 벽을 통과해 건물 안으로 들어갈 참이었다. 알파 시티의 한 층 높이는 3.6m, 187층의 높이는 $3.6 \times 187 = 673.2$(m)이다. 로보슈타는 673.2m 높이에 잠깐 섰다가 2m 더 내려왔다. 187층

천장에 머리를 부딪치고 싶지 않으니까. 물론 187층 바닥에 부딪히고 싶지도 않았기에.

"유령이 우주 최강 로봇보다 뛰어난 점은 아무리 두꺼운 벽도 스르르 통과한다는 거지!"

로보슈타는 연구실 앞 복도에 둥둥 떠서 몸에 묻지도 않은 먼지를 털었다. 찌리릿, 로보슈타의 촉각 센서가 수상한 전파를 감지했다.

"시각 센서 최대, 청각 센서 최대, 후각 센서 최대!"

로보슈타는 온몸의 감각 센서를 최대치로 올렸다. 특별히 수상한 물체는 없었다. 복도 끝에서 천재가 탄 슝 소파가 전속력으로 달려오는 것을 빼고는 말이다.

"로보슈타, 이 슝 소파 엄청 좋다! 그치만 난 슈퍼윙윙보드 타고 싶은데. 명령만 내리면 슈퍼맨의 속도로 윙윙 날아간다며? 아, 미래로 오기만 했지 첨단 기술을 하나도 못 써 봤어.

3.6 × 187 = 673.2(m)
2m
3.6m
3.6 × 186 = 669.6(m)

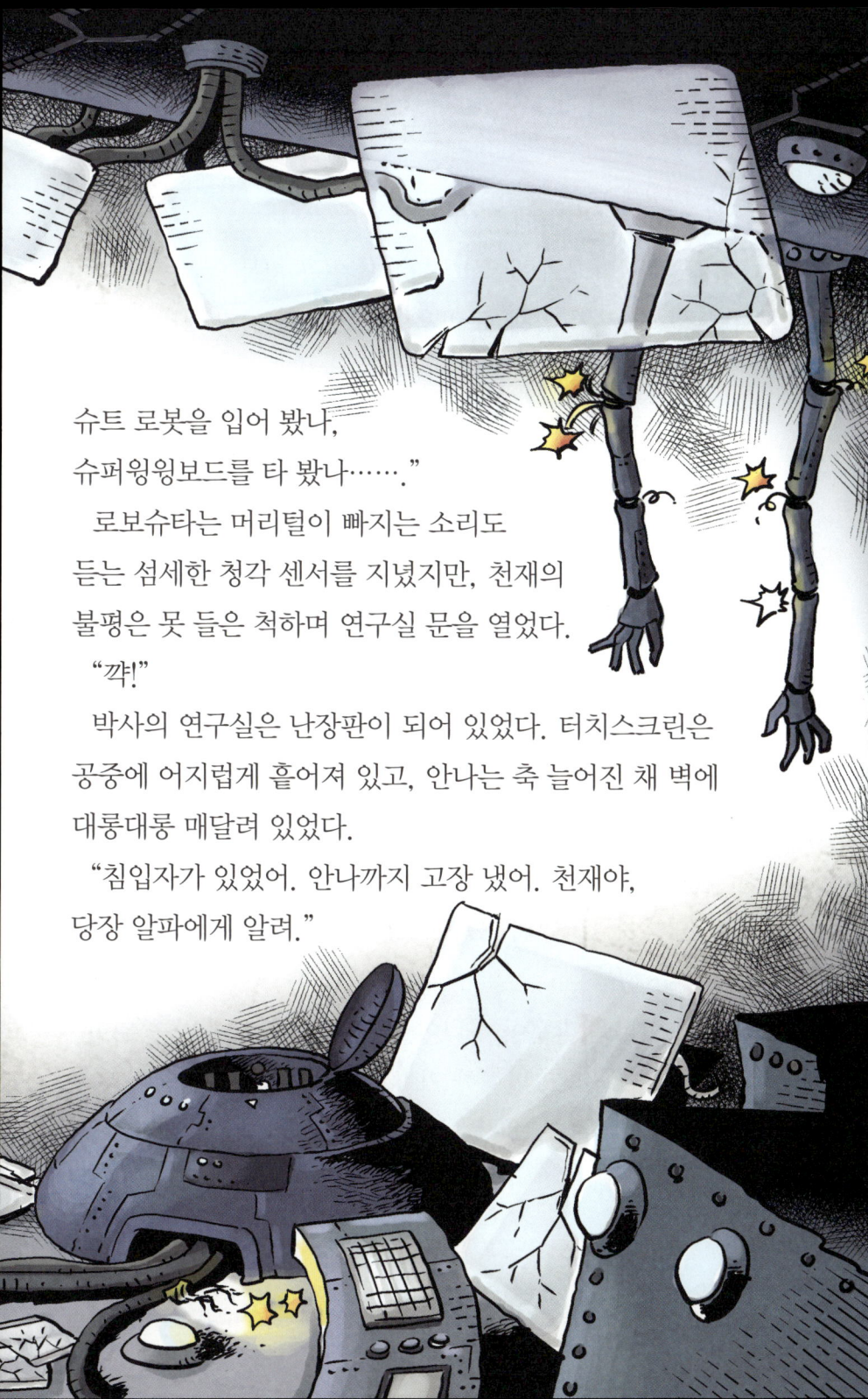

슈트 로봇을 입어 봤나,
슈퍼윙윙보드를 타 봤나…….”
　로보슈타는 머리털이 빠지는 소리도
듣는 섬세한 청각 센서를 지녔지만, 천재의
불평은 못 들은 척하며 연구실 문을 열었다.
“꺅!”
　박사의 연구실은 난장판이 되어 있었다. 터치스크린은
공중에 어지럽게 흩어져 있고, 안나는 축 늘어진 채 벽에
대롱대롱 매달려 있었다.
　“침입자가 있었어. 안나까지 고장 냈어. 천재야,
당장 알파에게 알려.”

"잠깐, 알파는 안 돼."

천재는 안 할배의 말을 떠올렸다. 인공 지능 알파가 알파 시티를 지배하기 위해 콩 박사의 연구소를 뒤진 거라면?

"알파는 알파 시티의 모든 것을 관리한다며 연구실 침입자는 왜 안 막았지? 일부러 그런 거 아냐?"

"아니, 연구소의 보안은 안나 책임이야. 박사님의 기술을 훔치려는 자들이 많아서 연구실 내부 사정은 알파에게도 비밀로 하거든. 알파도 몰랐을 거야. 일단 알파에게 알려. 유령의 짓이 아니라면 알파가 단서를 찾아낼 거야."

로보슈타는 알파를 100% 믿었다. 그렇다면 천재도 알파를 믿는 게 맞았다. 뛰어난 인공 지능 컴퓨터는 부족한 머리와 모자란 정보와 후회뿐인 선택만 하는 인간 천재와는 비교할 수 없을 만큼 옳은 판단을 내릴 테니까. 그런데도 천재는 알파가 의심스러웠다.

"난 알파가 싫어. 너를 공격했잖아. 안 할배도 알파가 나쁘다고 했고……."

"그건 알파의 잘못이 아니야. 누군가 알파에게 나를 위험 물질로 분류하라고 명령한 거야. 범인은 사람이야!"

"하지만……."

"오! 천재야, 인간의 직감은 정확하지 않아. 대부분은

터무니없는 걱정과 상상의 결과지. 그에 비해 인공 지능의 판단은 합리적이고 이성적이야. 너도 알잖아!"

물론 천재도 알았다. 로보슈타가 옳을 거라는걸! 여전히 꺼림칙했지만 천재는 고개를 끄덕였다. 그런데 로보슈타의 민감한 센서는 천재의 내키지 않는 마음까지 섬세하게 감지했다. 로보슈타가 말했다.

"천재야, 난 로봇이지만 유령이기도 해. 이번만은 유령의 친구인 네 직감을 따라 볼게."

로보슈타는 안나의 시스템을 복구하기 시작했다. 천재는 로보슈타가 안나를 못 고칠까 봐 안절부절못했다.

"로보슈타, 안나를 살릴 수 있지?"

"당연하지. 난 컴퓨터의 언어를 아니까. 컴퓨터는 무척 복잡해 보이지만 아주 단순한 신호로 움직이지. 0과 1. 딱 두 개의 숫자로 말을 하거든."

"나도 알아. 이진법이잖아. 컴퓨터에 전류가

들어오면 1, 안 들어오면 0."

"전구에 불이 들어오면 1, 안 들어오면 0."

"마우스의 버튼을 누르면 1, 떼면 0."

"안나가 눈을 뜨면 1, 안 뜨면 0."

로보슈타의 농담은 천재를 웃겼다. 천재는 조금 마음이 놓였다. 삭막한 화성에서 사람들에게 희망을 주기 위해 설정한 로보슈타의 유머 기능은 과거에서 온 소년에게도 효과가 있었다.

"안나는 눈이 없어서 못 뜨지만 그래도 무사히 깨울 테니 걱정 마."

마침내 로보슈타가 안나의 시스템을 복구했다. 안나는 살아나자마자 긴 팔을 힘겹게 휘저으며 기지개를 켰다.

"좋았어. 천재 천재 천재, 당장 퀴즈를 내놓아라. 오늘은 절대 안 봐줄 테다."

천재는 뜨악한 표정으로 로보슈타에게 속삭였다.

"로보슈타, 안나가 아까랑 똑같이 말하는 것 같지 않아?"

"다시 점검해 볼게. 그동안 안나를 좀 상대해 줘."

로보슈타의 말에 천재는 또 천재적인 문제를 내야 했다. 아까와 똑같은 문제를 내도 안나는 눈치채지 못하겠지만 자존심이 있지! 천재는 새로운 문제를 생각해 냈다.

이번에는 정답도 알았다.

"이진수 10101을 십진수로 나타내면?"

"지금 나 무시해? 난 십진법보다 이진법을 먼저 배운 인공 지능 컴퓨터야. 십진법은 자리가 하나씩 올라갈 때마다 자릿값이 10배씩 커지고, 이진법은 자리가 하나씩 올라갈 때마다 자릿값이 2배씩 커져.

십진법	
10000	10배
1000	10배
100	10배
10	10배
1	

이진법	
16	2배
8	2배
4	2배
2	2배
1	

이진수 10101을 십진수로 바꾸려면, 이진수 10101을 각 자리에 놓아 보면 돼.

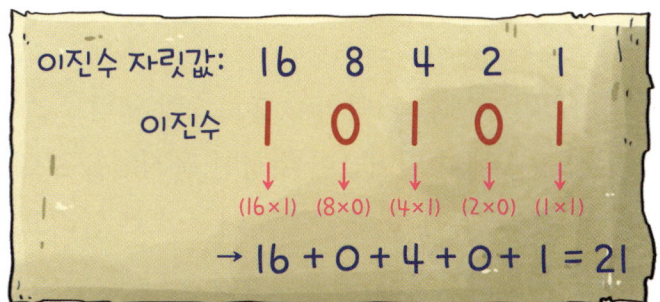

정답은 21. 너무 쉬운데! 진짜 천재 맞아? 하나 더 할까?"

안나가 발랄하게 뻐기는 동안 천재와 로보슈타는 근심의 눈길을 교환했다. 안나의 메모리 중 지난 24시간이 감쪽같이 사라진 것이다. 안나는 자신이 고장 났던 것은 물론이고 연구실에 침입 사건이 있었는지조차 기억하지 못했다.

"스파이비를 부를게. 연구실 보안을 위해 콩 박사님이 비밀리에 만든 로봇이야. 훌륭한 시각 센서를 가지고 있지."

콩 박사는 스파이비의 존재를 알파와 안나에게 알리지 않았다. 로보슈타는 콩 박사의 두뇌를 바탕으로 만든 인공 지능이기 때문에 박사가 아는 모든 것을 알고 있었다. 로보슈타가 스파이비를 부르자 곧 햇빛에 반짝이는 먼지 같은 것이 날아와 박사의 컴퓨터에 앉았다.

"와! 이게 로봇이야? 작은 먼지 뭉치 같은 것들이 뭘 할 수 있어?"

스파이비들이 날개를 퍼덕이자 홀로그램 액티브 스크린이 펼쳐지며 연구실에서 일어났던 수상한 움직임을 보여 주었다. 아무도 없는데 연구실의 문이 스르르 열리고 안나가 튀어나왔다가 허공에 주먹질을 하다 축 늘어졌다.

 액티브 스크린이 펼쳐지고 컴퓨터 파일들이 저절로 움직이다가 또 연구실 문이 열렸다.
 "설마 유령? 나 말고 유령이 또 있는 거야?"
 로보슈타는 믿을 수 없었다. 천재도 마찬가지였다.
 "유령은 아닐 거야. 콩 박사님의 연구실에 침입한 범인은…… 투명 인간이야."
 "투명 인간이라고? 그건 불가능해. 완벽한 투명 인간은 없어. 물론 지금의 과학 기술로는 메타 물질을 이용해 투명 망토를 만들 수는 있어. 하지만 사람은 아무리 투명 망토를 써도 흔적을 안 남길 수 없어. 숨소리, 입김, 발자국, 지문, 털…… 뭐든 남게 되어 있지."
 로보슈타의 말을 들을수록 천재는 범인을 짐작할 수 있었다.
 "범인은 투명 인간 같은 존재지만 인간은 아니야. 알파 시티의 모든 곳에 존재하지만 흔적을 남길 몸이 없는 가장 뛰어난 인공 지능……."
 천재는 문득 말을 멈췄다.
 '로봇끼리도 동질감 같은 걸 느낄까? 한 사람이 만든 로봇들은 서로를 형제처럼 느낄까? 로봇은 감정이 없다지만 사람이 그걸 어떻게 알지?'

 천재는 로보슈타가 상처받을까 봐 걱정되었다.
 "안천재, 범인은 설마……."
 천재는 고개를 끄덕였다. 로보슈타는 고개를 저었다. 도저히 믿을 수 없다는 듯이.
 "설마, 진짜, 정말 범인이 나……니? 우주 최강 로봇이지만 유령이라 몸이 보이지 않는 이 로보슈타가 범인이라고? 내가 바로 인간을 지배하려는 야욕을 가진 악당 로봇이란 말이야?"
 천재는 어이가 없었다. 최고의 인공 지능이라고 뻐기더니 평범한 인간의 직감도 예측하지 못하고!
 "아니! 너 말고 인공 지능 알파."
 천재는 똑똑한 인공 지능이 이해할 수 있도록 최대한 어렵게 설명했다.
 "알파는 스스로 학습하여 프로그램을 뛰어넘었다고 했어. 경비 로봇을 조종해서 너와 콩 박사님을 공격했어. 알파가 왜 자기보다 똑똑한 너와 엘리자베스 콩 박사를 제거하려 했겠니? 알파 시티와 사람들을 지배하는 데 방해가 되기 때문이야."
 그날 밤 로보슈타는 알파와 관련된 메모리를 모조리 뒤지며 알파를 분석했다. 하지만 알파가 범인이라는 확실한

결론도, 아니라는 결론도 내리지 못했다. 인공 지능 알파는 정말 로봇 제1원칙을 깨뜨린 걸까?

  로보슈타가 인공 지능답지 않게 오랫동안 깊이 고민하는 사이, 천재는 콩 박사의 소파에서 잠이 들었다. 인공 지능에게 지배당할지도 모르는 세상에서, 더구나 유령 로봇 곁에서, 천재는 코를 골며 깊은 잠에 빠졌다. 아무래도 천재는 최첨단 미래 체질 같았다.

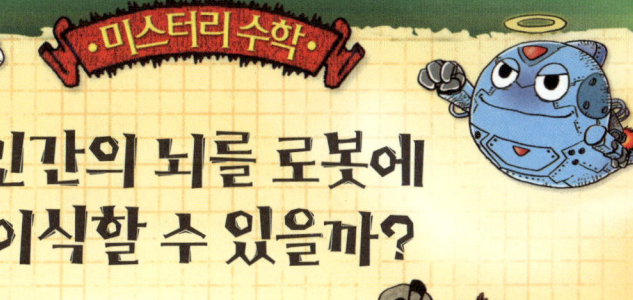

미스터리 수학
인간의 뇌를 로봇에 이식할 수 있을까?

이미 많은 사람들이 로봇이 되었다. 노인들은 망가진 관절을 인공 관절로 바꾸고, 팔다리를 잃은 장애인들은 로봇의 팔과 다리를 의족으로 사용한다. 시각 장애인은 인공 망막을 이식하고 특수 안경을 통해 세상을 볼 수 있다. 자기 팔에 인공 귀를 붙여 소리를 듣는 사람도 있다. 이렇게 신체의 일부분을 로봇 장기로 바꾸는 사람들이 점점 많아지고 있다. 이런 사람들을 로봇 중에서도 '사이보그'라고 부른다.

최근 사이보그 기술의 핵심은 로봇 장기를 생각만으로 움직이는 것이다. 지금도 로봇 팔다리는 사람의 근육에서 생긴 전기 신호나 뇌파(뇌의 활동에 의하여 일어나는 전류)의 신호를 받고 작동한다. 사람이 점점 더 로봇에 가까워지고 있는 것이다. 인간의 뇌마저 컴퓨터에 이식할 수 있다면 인간은 로봇이 될 수 있을까? 이런 연구가 진행되고 있으니 머지않은 미래에 나와 똑같은 기억과 생각, 성격, 감정을 가진 로봇이 탄생할지도 모른다.

정이십면체 로봇의
탄생 배경은?

 알파 시티의 둘째 날, 천재는 병원이 있는 제2알파 타워의 초고속 엘리베이터를 탔다. 가짜라도 조카가 된 이상 이모의 병문안은 가 봐야 할 것 같아서였다. 로보슈타는 나오지도 않는 눈물을 훔치는 시늉을 하며 말했다.
 "콩 박사님은 34층에 계셔. 아, 박사님을 만나다니 눈물이 앞을 가리네."
 초고속이라는 이름에 걸맞게 엘리베이터는 엄청난 속력으로 올라가다 부드럽게 멈췄다. 34층. 문도 열리기 전에 로보슈타는 쌩 하니 날아가 버렸다.
 "이, 배신자."

 순간 엘리베이터의 불이 꺼졌다. 문도 안 열렸다. 최첨단 엘리베이터가 고장 난 걸까? 놀란 천재 앞에 몸이 반쯤 투명한 아줌마 유령이 둥실 떠올랐다. 천재는 꽥 하고 소리를 질렀다.
 "어머, 얘야! 내가 보이니, 보이니, 보여?"
 유령이 틀림없었다. 유령들은 천재를 만날 때마다 약속이라도 한 듯 이렇게 물었다.
 "아니오. 안 보여요. 하나도 안 보여요."

 천재는 최선을 다해 거짓말을 했지만 어림없었다. 아줌마들은, 사람이고 유령이고 할 것 없이 직감이 뛰어나서 순수 초딩의 거짓말쯤은 눈 감고도 잡는다.
 "에이, 거짓말, 거짓말, 거짓말! 잘됐다, 얘. 나랑 어디 좀 가자."
 "싫어요. 잘 보이지도 않는 유령하고 어딜 가요?"
 "뭘, 보이기만 하는 게 아니라 낭랑한 내 목소리까지 잘 들리나 보네!"
 천재는 기절이라도 하고 싶었다. 하지만 천재의 정신은 몸을 빠져나가기는커녕 아주 또렷하게 남아 유령 아줌마의 정체까지 기억해 냈다.
 "아줌마는 엘리자베스 콩 박사님이죠? 벌써 죽었어요? 유령이 됐어요?"
 "엥? 내가 설마 죽었니, 죽었니, 죽었어? 알파 시티에서 죽을 확률은 얼마나 낮은데 내가 거기 낀 거야? 안 돼! 로봇 심장이랑 간이랑 눈이랑 힘센 다리까지 잔뜩 주문해 놨을 텐데 죽어 버리면 어떡해. 그게 얼마나 비싼데! 의학이 아무리 발달해도 죽은 사람을 살릴 수는 없다고!"
 유령 아줌마는 엘리베이터 문을 벌컥 열더니 천재의 손을 덥석 잡고 콩 박사의 병실로 날아갔다. 그리고는 유리창에

머리를 딱 붙이고 안쪽을 살펴보았다.

"아유, 안 죽었네, 안 죽었어. 심장이 뛰잖아. 혼수상태야. 영혼이 여기 나와 있으니 정신이 없는 게 당연하지, 호호호. 얘야, 엘리베이터를 타, 어서, 어서, 어서. 시간이 별로 없어."

아줌마 유령은 엘리자베스 콩 박사의 영혼이었다. 어쩐지 몸이 반쯤 투명한 게 진짜 유령과는 좀 달랐다. 콩 박사의 영혼은 천재를 질질 끌고 엘리베이터로 돌아갔다. 땡, 문이 닫히려는 순간 로보슈타가 바람처럼 나타났다.

"박사니임~!"

"꺅! 오, 마이 로봇! 우주 최강 로보슈타, 살아 있었구나!"

유령과 영혼은 서로 껴안고 뽀뽀하고 흔들고 야단법석을 떨었다. 눈꼴시어 못 볼 정도였다. 로보슈타는 콩 박사에게 그동안 있었던 일을 죄다 털어놓았다. 대전시회장에서 일어난 폭발로 몸은 산산조각 났지만 로봇 유령이 되었고, 과거로 가서 천재를 만났고, 천재의 도움으로 박사와 자신을 공격한 범인을 찾고 있다고. 로보슈타는 '우주 최초 로봇 유령'이 되어 자랑스럽다는 말을 몇 번이나 했다. 콩 박사가 로보슈타의 폭발에 책임감이나 죄책감을 느낄까 봐 배려하는 것 같았다.

"고생이 많았구나. 근데 난 범인을 알아. 나를 공격한 범인이 제 발로 나를 찾아왔거든."

콩 박사의 말에 천재가 깜짝 놀라 물었다.

"네? 제 발로 찾아왔다고요? 알파는 발이 없는데요."

"알파? 알파는 인공 지능 컴퓨터잖아. 로봇 제1원칙 때문에 인간을 공격하지 못해. 진짜 범인은 사람이야. 뱅뱅 박사 같아. 어제 여기에 와서 로보슈타의 인공 지능을 훔쳤다고 고백했어. 내가 못 깨어날 줄 알고 그랬나 봐."

뱅뱅 박사는 알파 시티의 로봇 공학자다. 로봇 연구

말고는 아무것도 모르는 로봇 바보였지만 뱅뱅 박사가 만든 로봇은 이상하게 인기가 없었다. 새로운 로봇을 발표할 때마다 콩 박사의 로봇에 밀려 주목을 받지 못했고, 대표작인 지네봇은 징그러운 외모 때문에 지금까지 욕을 먹고 있다. 뱅뱅 박사는 콩 박사가 있는 한 영원히 2인자밖에 될 수 없는 가혹한 운명의 주인공 같았다.

"뱅뱅 박사에게는 나를 공격할 동기도 충분해. 화산처럼 용솟음치는 질투심이지."

콩 박사는 뱅뱅 박사가 경비 로봇을 만들었던 때를 떠올렸다. 작은 로봇들이 서로 붙어 변신 로봇이 되는 아이디어는 훌륭했다. 문제는 로봇의 디자인이었다. 콩 박사는 평소 디자인 감각이 꽝이었던 뱅뱅 박사에게 선심 쓰듯 조언을 했다.

"구! 동글동글 구가 최고죠. 모서리가 없어서 데굴데굴 잘 구르고 오글오글 여러 개가 붙으면 포도송이처럼 예쁘죠."

"아니오, 난 다면체가 좋아요. 다각형으로 둘러싸인 도형이요. 구는 다각형으로 둘러싸이지 않았잖아요.

다각형으로 둘러싸인 다면체는 아주 많지만 그중에서도 정다면체가 좋아요.

각 면이 정다각형으로 이루어진 다면체요. 정다각형이 뭔지는 알죠? 모든 변의 길이가 같고 모든 각의 크기가 같은 다각형 말이에요. 정삼각형, 정사각형, 정오각형, 정육각형 등……."

다양한 모양의 다면체들

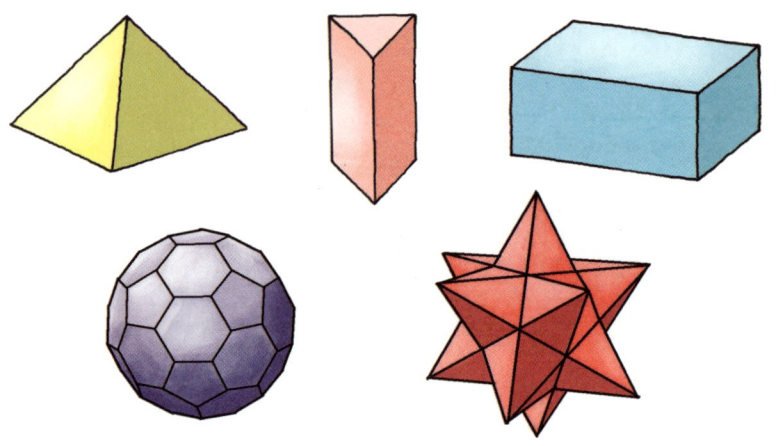

뱅뱅 박사는 점잖게 콩 박사의 조언을 거절했다. 콩 박사는 기분이 조금 나빠졌지만 꾹 참고 동료 박사를 끝까지 도우려고 했다.

"물론 나도 잘 알죠, 정다면체. 각 면이 서로 합동인 정다각형이고, 각 꼭짓점에 모인 면의 개수가 같은 볼록한 다면체잖아요. 정다면체는 정사면체, 정육면체, 정팔면체,

정십이면체, 정이십면체, 딱 다섯 종류밖에 없죠.
  그중 제일 예쁜 건 정십이면체고요. 정오각형 12개가 모인 조화로운 입체도형이에요."
"그래요? 난 평면도형 중에 정삼각형이 가장 완벽하다고 생각해요. 그래서 정삼각형으로 만든 정다면체를 고르는 중이지요."
  뱅뱅 박사는 콩 박사의 귀한 조언을 또 거절했다. 콩 박사는 왠지 자존심이 상했지만 뱅뱅 박사가 형편없이 못생긴 로봇을 만들어 두고두고 욕먹지 않도록 끝까지 좋은 디자인을 추천했다.

다섯 종류의 정다면체

정사면체

정육면체

정팔면체

정십이면체

정이십면체

"그럼, 정사면체, 정팔면체, 정이십면체 중 하나를 골라야겠네요. 음, 내 뛰어난 디자인 감각으로 보면 정팔면체가 제일 낫죠."

"난 정이십면체를 생각 중이었어요. 적당히 뾰족하고, 적당히 구르기도 좋고, 여러 개가 붙어 다양한 변신 로봇으로 변하기도 적당해 괜찮을 것 같아요."

"뭐예요? 벌써 다 생각해 놓고선 왜 내게 조언을 구한 거예요?"

콩 박사가 팩 쏘아붙였지만 뱅뱅 박사는 별다른 대꾸를 하지 않았다.

"뱅뱅 박사는 질투심이 너무 심해. 내가 더 똑똑한 걸 어쩌라고!"

콩 박사의 영혼은 뱅뱅 박사가 조언을 구한 적이 없었다는 사실을 아직까지도 기억하지 못했다.

"맞아요. 인간의 질투심은 엄청난 사건을 일으키기도 하지요."

로보슈타도 맞장구를 쳤다. 하지만 천재의 생각은 달랐다.

"뱅뱅 박사는 죄책감 때문에 고백하러 왔잖아요. 왜 콩 박사님을 공격했다는 말은 안 하고 인공 지능을 훔쳤다는

말만 했을까요?"

"그건……, 나도 모르지. 난 뱅뱅 박사가 아니잖아? 어쨌든 더 무시무시한 일은 로보슈타의 인공 지능이 다른 로봇에게 이식되면 안 된다는 거야. 폭발할 수도 있거든. 그것도 엄청나게. 어쩌면 알파 시티가 절반쯤 날아갈지도 몰라. 내 기술을 보호하려고 그런 끔찍한 기능을 넣었지. 설마 이런 일이 있을 줄은 몰랐어. 아, 미안해 미안해! 어쩌지?"

콩 박사는 진심으로 후회했지만 조금 늦었다. 뱅뱅 박사의 새 로봇 발표회가 바로 내일이었다.

"어떻게든 막아야죠."

천재는 알파 시티가 산산조각 나는 것을 두고 볼 수 없었다. 혹시라도 자신이 미래에 알파 시티에 살 수도 있으니까. 뱅뱅 박사의 로봇 발표회를 보러 갔다가 끔찍한 폭발에 휘말려 죽기라도 하면……, 꺅! 천재는 몸서리를 치며 엘리베이터의 1층 버튼을 눌렀다. 멈춰 있던 엘리베이터가 전속력으로 내려갔다. 그 속도가 어찌나 빠른지 천재는 머리카락이 하늘로 솟구치는 것 같았다. 땡-.

"지하 13층. 문이 열립니다."

 천재가 잘못 왔다고 말하려는 순간 엘리베이터의 문이 스르르 열렸다. 차갑고 강렬한 힘이 사람과 유령과 영혼을 끌어당겼다. 천재는 비명을 지를 새도 없이 얼음장같이 차가운 영혼의 공격을 받았다. 냉동 영혼은 차가운 물풍선처럼 천재의 얼굴에 철퍼덕 붙었다. 천재의 얼굴은 급속 냉동 직전이었다. 천재는 팔다리를 버둥거리며 소리치려 했지만 냉동 영혼에게 막힌 입에서는 웅얼거리는 소리만 흘러나왔다.

"천재야, 내가 구해 줄게."
로보슈타가 번개 같은 솜씨로 냉동 영혼을 떼어 냈다. 콩 박사는 벽에 부딪혀 납작이가 된 냉동 영혼을 보고 꽥 소리를 질렀다.
"수 아저씨! 무슨 일이에요? 냉동관에 계셔야 할 분이 왜 나와서 천재를 괴롭히는 거예요, 네?"
"콩 박사아아, 영매(죽은 사람의 영혼과 인간을 연결해 준다는 사람)가 왔다면서……? 콩 박사는 욕심이 너무 많아. 영매를 혼자 독차지하다니."
수 아저씨 냉동 영혼은 천재에게 다시 다가왔다.

천재는 반쯤 얼어 버린 입술을 겨우 움직여 말했다.
"사람 잘못 보셨어요. 전 영매가 아니라 천재예요."
"천재면 더 좋지. 내 부탁을 들어줘. 잠깐이면 돼. 별로 어려운 부탁도 아니야."

치명적인 결정 장애 안천재도 이 문제만큼은 고민할 필요가 없었다. 인공 지능 알고리즘에게 물어볼 필요도 없었다. 엄마도, 선생님도 어른이 아이를 돕는 거라고 했다. 어린이가 건장한 어른을 돕기 위해 위험을 무릅쓰면 안 된다고 했다. 천재는 딱 잘라 거절했다.
"싫어요! 불쌍한 순수 초딩 괴롭힐 생각 마시고 아저씨 몸을 찾아 돌아가세요."

"그렇게 나올 테냐?"
수 아저씨는 인상을 쓰며 휘파람을 불었다. 독이 오른 코브라나 좋아할 법한 낮고 음산한 휘파람이 울려 퍼지자 꽁꽁 언 영혼들이 우르르 몰려왔다. 냉동

영혼들은 천재와 로보슈타를 꽁꽁 에워쌌다. 지하 13층은 순식간에 냉동고로 변했다. 천재는 콧구멍 속까지 쩍쩍 얼어붙었다.

"우린 냉동 인간의 영혼들이다. 우리 몸은 액화 질소로 꽁꽁 얼려져 있지. 벌써 50년도 더 되었다. 과학이 더 발달하는 100년 후에 우리의 냉동 몸을 녹여서 다시 살려 낼 거야. 심장, 간, 폐, 피부는 물론 뇌의 기억까지 완벽하게 돌아올 거다. 하지만 그때까지 우리 몸은 차가운 냉동 관에 들어 있어야 해."

"좋겠네요. 축하드려요. 그럼 이만."

천재는 건성으로 대답하고 돌아섰다.

"네, 우린 매우 중요한 일로 바쁘답니다."

로보슈타도 한시바삐 냉동 영혼들로부터 벗어나고 싶었다. 하지만 냉동 영혼들은 천재와 로보슈타를 놓아줄 생각이 조금도 없었다. 수 아저씨는 차가운 입김을 슉슉 내뿜으며 말했다.

"여긴 너무 추워. 우리 몸이 깨어날 때까지 유령 천국에 있게 해 줘."

"유령 천국이요? 제가 그런 델 어떻게 알아요? 전 유령이 아니라 사람이에요."

 천재는 진심으로 말했지만 냉동 영혼들은 믿지 않았다.
 "넌 알고 있어. 그걸 우린 알고 있지. 여기 100년 동안 더 있다가는 너무 추워서 영혼이 먼저 죽을 것 같아서 그래. 몸이 쌩쌩하면 뭐해? 영혼이 없어지면 끝이잖아. 따뜻한 유령 천국으로 우릴 보내 줘. 100년만 있을게."
 냉동 영혼들이 천재에게 다닥다닥 들러붙었다. 천재의 체온이 뚝뚝 떨어졌다. 심장이 느려지고, 다리가 후들거리고, 정신이 혼미해졌다. 천재는 파랗게 질린 입술로 겨우 속삭였다.
 "살려 줘……."
 천재의 구조 요청에 로보슈타의 인공 지능이 팽팽 돌아갔다.

> **천재를 구할 방법은?**
> 냉동 영혼 폭발하기 → 천재가 다칠 수 있음
> 냉동 유령의 소원 들어주기 → 로보슈타도 유령 천국의 위치를 모름

 하는 수 없이 로보슈타는 예전에 썼던 방법을 한 번 더 쓰기로 했다. 독창성은 없지만 급하니까!

    로보슈타는 유령 몸을 얇고 넓게 펴서 천재와 콩 박사를 감쌌다.

    "냉동 영혼님들, 나쁜 놈을 잡고 나면 꼭 돌아올게요. 영혼님들을 유령 천국에 보내 줄 수 있는 할아버지와 같이 올게요."

    로보슈타는 로봇과 유령 에너지를 모두 써서 소중한 천재와 콩 박사의 영혼을 연구실로 무사히 데려갔다. 기진맥진해 연구실 바닥에 널브러졌지만 로보슈타는 날아갈 듯 기분이 좋았다.

뫼비우스 계단에서 탈출하라!

콩 박사는 한 번도 뱅뱅 박사의 로봇 연구소에 가본 적이 없었다. 뱅뱅 연구소 개소식 초대장을 받고도 바쁘다며 가지 않았다. 연구소의 인테리어가 무척 수학적이면서 예술적이라는 소문을 들었지만 믿지 않았다. 뱅뱅 박사의 디자인 감각은 꽝이라고 확신했기 때문이다. 하지만 뱅뱅 박사의 연구소 문을 활짝 연 순간 콩 박사는 자신의 확신 능력이 꽝일지도 모른다는 강한 의심이 들었다.
   연구소 입구에는 엄청나게 거대하고 괴상하고 으스스하면서도 아름다운 계단이 둥둥 떠 있었다. 천재는 너무 놀라서 눈이 튀어나올 것 같았다.

"뫼비우스 띠 모양이네요. 와, 멋있다! 뱅뱅 박사가 촌스럽다더니 아닌 것 같은데요? 근데 어디로 올라가죠?"
"내가 길을 찾아 줄게."
로보슈타는 신기한 계단 위를 붕붕 둘러보았다. 우주 제일의 센서로 꼼꼼하게 스캔했지만

뫼비우스 계단 위로 올라가는 길은 없었다. 천재는 멋진 계단에 발도 못 디뎌 볼까 봐 조마조마했다. 콩 박사는 뫼비우스 계단 주위를 뱅글뱅글 돌며 흠잡을 곳을 찾았다.
"올라가지도 못할 계단을 왜 만들어 놨담? 거대한 구조물을 세우면 디자인 감각이 꽝이라는 걸 숨길 수 있을

줄 알았나? 유치한 초딩이나 감탄하지, 나 같은 사람이 보기에는 뭐……."

조잘거리던 콩 박사가 입을 다물었다. 질투심에 눈이 멀어 깎아내렸지만 솔직히 멋졌다!

"보기만 하라고 만들었나?"

천재는 몸을 벽에 기대고 쳐다보았다. 순간 벽에서 슝 소파가 툭 튀어나왔다. 슝 소파는 붕 날아서 천재를 계단 위에 올려 주었다.

"와~! 꼭 롤러코스터 탄 것 같아."

계단 끝에는 뭐가 있을까? 천재는 전속력으로 계단을 뛰어올랐다. 한 바퀴를 뛴 것 같은데 끝은 나타나지 않았다.

갑자기 머리끝이 쭈뼛해졌다. 천재의 발은 계단을 밟고 있었지만 몸은 물구나무선 것처럼 거꾸로였다.

"으악! 유령 계단이야, 떨어질 것 같아!"

   천재는 거꾸로 주저앉아 두 손으로 난간을 붙잡았다. 삑삑 삑삑 익숙하지만 몹시 거슬리는 신호음이 울렸다. 불길한 예감이 확 몰려왔다.

   느닷없는 신호음에 놀란 콩 박사도 주위를 두리번거렸다. 공중에서 펑펑 무지갯빛이 터졌다. 불꽃놀이처럼 예쁜 불빛은 로보슈타를 쫓아다니며 펑펑 터지다 콩 박사의 주위에서도 펑펑 터졌다. 뱅뱅 박사의 아름다운 연구소에 온 것을 환영한다는 듯이! 콩 박사는 약이 올랐다.

   "쳇, 불꽃놀이가 뭐가 좋다고! 이 색 조합 좀 봐라. 완전 촌스럽고 유치하고……."

   콩 박사가 질투심에 빠져 투덜거리는 동안 로보슈타의 냉철한 인공 지능은 훽훽 빠르게 돌아가 요란한 소리와 빛의 정체를 알아냈다.

   "박사님, 어서 피해요. 유령 사냥꾼……."

   그 순간 천재의 손이 미끄러졌다. 난간을 붙잡은 손바닥에 땀이 찬 것이다.

   "아악~! 떨어질 것 같아. 살려 줘! 구해 줘!"

   구조 신호에 바로 반응하는 로보슈타가 천재 쪽으로 방향을 틀었다. 그 순간 유령 그물이 쉭, 휙, 휙 날아와 콩 박사를 덮쳤다.

"으악, 살려 줘! 구해 줘!"

콩 박사의 영혼이 소리쳤다. 구조 신호에 바로 반응하는 로보슈타는 콩 박사 쪽으로 눈을 돌렸다. 로보슈타는 구조 순서를 정하기 위해 0.0001초 동안 혼란에 빠졌다. 그 0.0001초는 유령 그물에 걸리기에 충분한 시간이었다. 로보슈타는 콩 박사와 함께 유령 그물에 갇히고 말았다.

"감히 우주 최강 로봇 유령을 잡을 수 있을 줄 알아? 흥! 무적의 힘을 보여 주마."

로보슈타는 그물을 쥐어뜯었다. 하지만 특수 제작된 그물은 매우 질겨서 로봇 유령의 힘으로도 끊을 수 없었다.

"뱅뱅 박사지? 당장 나와! 이 비겁한 놈! 내가 올 줄 알고

함정을 파고 있었다, 이거지."

콩 박사의 영혼은 유령 그물을 이빨로 물어뜯으며 으르렁거렸다. 하지만 로봇도 못 끊은 유령 그물이 인간 영혼의 힘으로 끊어질 리 없었다.

"히히히, 잡았다. 유령이 하나 늘었네."

유령 그물을 던진 범인은 슈트 로봇을 입은 날쌘돌이였다. 강렬한 로봇 헬멧으로 얼굴을 가리고 있어서 누군지 알아볼 수는 없었지만 뱅뱅 박사보다는 키가 훨씬 작고 꼬불꼬불 곱슬머리였다.

"뱅뱅 박사가 아니네. 누구야? 비겁하게 얼굴을 가리지 말고 로봇 헬멧을 벗어!"

유령 그물에 갇혀 꼼짝 못하는 신세였지만 콩 박사는 조금도 풀이 죽지 않았다. 오히려 더 당당하게 소리쳤다. 날쌘돌이가 드디어 로봇 헬멧을 벗었다.

"안 할배!"

박쥐처럼 계단에 거꾸로 붙어서 부들부들 떨던 천재가 소리쳤다. 안 할배는 천재를 향해 손을 흔들었다.

"천재야, 무사했냐? 유령의 손아귀에서 너를 구해 주마!"

안 할배는 영웅 놀이에 단단히 빠져 있었다. 하지만 진짜 적은 유령과 영혼이 아니라 뱅뱅 박사일 거다.

"안 할배, 유령들을 놓아주세요. 로보슈타는 알파 시티를 구할 최강의 로봇 유령이에요. 콩 박사님은 아직 유령도 못 된 영혼이고요."

"맞아요. 난 최고의 로봇 공학자 엘리자베스 콩 박사의 영혼이에요. 아직 죽지도 못 했어요. 당장 놔주세요."

안 할배는 유령이 아닌 살아 있는 영혼을 잡은 걸 알고 혼란스러워했다.

"뭐? 콩 박사? 몸은 어쩌고 영혼만 돌아다녀?"

"몸은 병원에 있죠. 내 몸을 그 모양으로 만든 범인을 직접 잡으려고 나왔죠."

"큰일 나려고! 영혼이 혼자 돌아다니다가 몸에서 너무 멀어지면 영영 못 돌아가는 수가 있어. 돌아갈 때를 놓치면 유령 신세가 되는 거지."

"돌아갈 때를 어떻게 알아요?"

콩 박사가 놀라서 물었다. 천하의 진짜 천재 콩 박사도 유령 지식은 별로 없었다.

"이틀. 48시간이 지나면 영영 제 몸으로 못 돌아가게 돼.

 뭐, 걱정은 하지 마. 내가 유령 세계에 잘 아는 친구들이 있어서 갈 곳 없는 영혼도 유령 천국으로 보내 줄 수 있어. 거기서 사는 게 더 편할 수도 있는데. 어때, 유령 세계에 부탁 한번 해 줘?"
 안 할배는 손가락으로 하늘을 가리키며 선심을 썼다.
 콩 박사는 파르르 떨었다.
 "유령 천국이라니요! 멀쩡한 몸이, 아니 여러 군데가 다쳐서 멀쩡하지는 않지만 엄연히 살아 있는 내 몸이 병원에 있는데 보내긴 어딜 보내요! 당장 놔줘요. 당장 당장 당장!"
 콩 박사는 고래고래 소리쳤지만 유령 그물에 갇힌 영혼은 아무 힘이 없었다.
 안 할배는 강렬한 헬멧을 도로 썼다. 슈트 로봇을 입고 로봇 헬멧을 쓴 안 할배는 실실거리며 사각이를 쫓아다니던 그 할배가 아니었다. 옷만 슈트 로봇으로 바꿔 입었을 뿐인데 엄청나게 세고 빨라졌다. 로봇 옷을 입고 있는 동안은 인격마저 바뀐 것 같았다.
 "나는 유령 사냥꾼으로 인생 3막을 화려하게 열기로 했어. 수십 년 만에 잡은 유령을 그냥 놓아줄 수는 없지. 유령 천국으로 보내 줄게. 유령 천국으로 보낸 유령 수가

1000명이 넘으면, 죽어서 유령 천국 중에서 제일 멋진 데로 갈 수 있대. 어디 뽀얀 불빛이 보이면 말해. 유령 천국의 문이거든. 내 친구 뚱뚱한 유령이 마중 나올 거야."
 "싫어요! 전 로봇이에요! 안 가요!"
 "나도 안 가요. 범인만 잡으면 내 몸으로 돌아갈 거예요."
 로보슈타와 콩 박사가 동시에 외쳤지만 안 할배는 유령 그물을 어깨에 메고 쌩 날아가 버렸다.
 "전 어떡해요? 박사님, 로보슈타, 안 할배!"

　천재가 소리치자 콩 박사도 외쳤다.
　"천재야, 뱅뱅 박사를 찾아. 알파 시티부터 구해 줘. 넌 할 수 있어. 네 자신을 믿고 전진해!"
　어엉, 천재는 그만 울음을 터뜨렸다. 시작도 끝도 없는 뫼비우스 계단에 갇힌 순수 초딩에게 최첨단 미래 도시를 구하라니, 너무한 거 아닌가? 닭똥 같은 눈물이 이마와 머리카락을 타고 바닥에 뚝뚝 떨어졌다.
　'나도 뛰어내릴까? 아플 텐데……. 뛰어? 말어. 뛰어? 말어.'
　천재 인생 최대의 어려운 결정이었다. 순수하게 혼자서 해야 할 결정이었다. 미룰 수도 없고, 대신 결정해 줄 엄마도 없었다.

"나 자신을 믿으라고? 그래, 뛰어내리자. 난 죽지 않아. 다리가 부러질 뿐이야."

멋지게 말해 봤지만 용기가 불끈 솟지는 않았다. 아직 부러지지도 않은 다리가 벌써부터 저릿저릿 아파 올 뿐이었다. 이럴 줄 알았으면 낙법(넘어질 때 안전하게 몸을 보호하는 기술)을 배워 둘걸. 천재는 눈을 치뜨고 바닥을 쏘아보았다. 매서운 천재의 눈빛에 바닥이 겁을 먹고 말랑말랑해지기라도 할 것처럼.

'똑바로 서서 들어오세요.'

천재는 그제야 바닥의 글귀를 읽었다.

"나도 똑바로 서서 들어가고 싶다고. 다리가 부러져서

절룩거리며 비명을 지르며 들어가고 싶진 않다고."

뼈가 부러지고 피가 나는 아픔을 상상하니 갑자기 천재의 뇌가 팽팽 돌아갔다. 천재는 수학책에서 보고 따라 만들어

뫼비우스 띠 만들기

준비물: 종이, 가위, 풀

1. 평면인 종이를 기다란 직사각형으로 오린다.

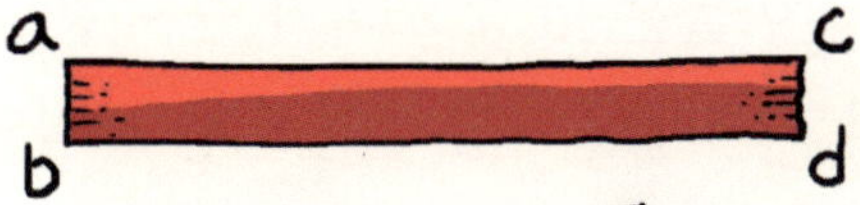

2. 한 번 꼬아 양끝을 붙인다. 이때 점 a와 점 d, 점 b와 점 c가 만난다.

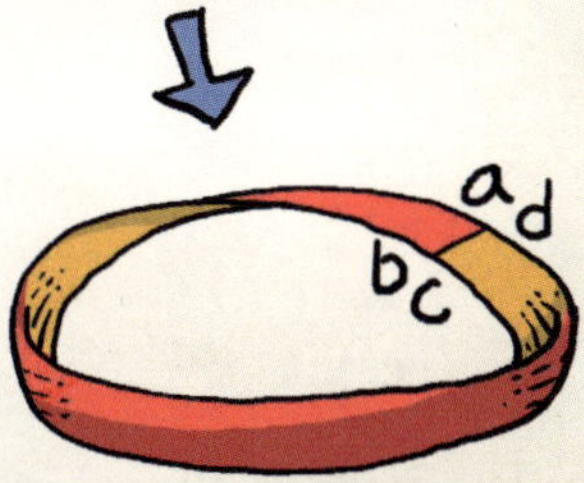

3. 안과 겉을 구별할 수 없는 곡면이 완성된다.

*면은 선으로 둘러싸여 있는 부분이나 물체의 겉부분을 뜻한다. 평평한 평면도 있고 구부러진 곡면도 있다.

보았던 뫼비우스 띠를 떠올렸다.

"뫼비우스 띠는 안과 겉의 구분이 없이 한 개의 면을 가지고 있는 도형이야. 그래서 띠의 중심을 따라 한 바퀴를 돌면 처음 위치로 돌아오지만 처음과 정반대 면에 서게 되지. 지금 나처럼. 그래서 나는 거꾸로 매달려 있는 거야. 여기서 한 바퀴를 더 돌면?"

 천재는 두 손으로 난간을 꼭 붙들고 부들부들 떨면서 한 걸음, 한 걸음 앞으로 걸어서 뫼비우스 계단을 한 바퀴 더 돌았다. 마침내 천재는 처음 위치로 와서 똑바로 섰다.
 "됐다! 이제 어쩌지?"
 천재의 말을 알아들은 듯 슝 소파가 슝~ 천재를 태우러 날아왔다. 알파 시티에서 가장 편안한 슝 소파였다.

인공 지능 vs 인간
그 결과는?

1989년 세계 체스 챔피언과 인공 지능의 첫 대결이 있었다. 결과는 인간 챔피언의 승리! 하지만 그로부터 8년 뒤 슈퍼 컴퓨터 디퍼블루가 인간 챔피언을 이기고 기계로는 최초로 세계 체스 챔피언이 되었다. 이후 인공 지능의 승리가 이어지고 있다.
2011년에는 슈퍼 컴퓨터 왓슨이 퀴즈쇼에 출연하여 우승하였다. 2016년에는 인공 지능 알파고가 우리나라의 이세돌과 바둑 대결을 펼쳐 이겼다.

많은 사람들이 바둑에서 만큼은 인간의 승리를 예상했다. 19×19의 바둑판 위에 펼쳐지는 바둑 대결은 첫수를 주고받는 경우의 수만 해도 12만 가지가 넘고, 복잡한 규칙들이 존재하기 때문이다. 알파고는 하루 3만 번씩 바둑 경기를 해 보고, 그 결과를 저장하여 계산해야 할 경우의 수를 줄였다. 인간은 나날이 강력해지는 인공 지능과의 대결에서 과연 이길 수 있을까?

쌍둥이 연구소, 쌍둥이 문

뫼비우스 테스트를 통과하니 진짜 길다운 길이 나타났다. 천재는 양쪽으로 작은 연구실들이 줄지어 있는 긴 복도로 들어갔다. 연구실마다 독특한 모양의 문이 있었다.

'뱅뱅 박사는 어디 있을까?'

천재는 열린 문 안을 꼼꼼히 살펴보았다. 방마다 두어 명의 연구원들이 로봇을 만들고 있었다. 곱슬머리 연구원, 더벅머리 연구원, 긴 머리 연구원, 대머리 연구원, 빨강 머리 연구원, 곱슬머리 연구원, 더벅머리 연구원, 긴 머리 연구원, 대머리 연구원, 빨강 머리 연구원······.

어, 이상하네! 천재는 연구실을 처음부터 다시 살펴보았다.

  첫 번째 방에는 곱슬머리 연구원, 더벅머리 연구원, 두 번째 방에는 긴 머리 연구원, 대머리 연구원, 빨강 머리 연구원, 세 번째 방에는 곱슬머리 연구원, 더벅머리 연구원, 네 번째 방에는 긴 머리 연구원, 다섯 번째 방에는 대머리 연구원, 빨강 머리 연구원……. 같은 머리 모양을 한 연구원들이 각각 두 명씩, 그런데 둘이 얼굴 모습도 똑같고 표정도 똑같았다.

  "쌍둥이들만 뽑았나? 혹시 안드로이드? 설마 클론은 아니겠지?"

  안드로이드는 사람과 똑같이 생긴 로봇이다. 천재가 살던 2017년에는 사람과 피부, 눈, 움직임, 지능, 감정 등이 완전히 똑같은 안드로이드를 만들 기술이 없었다. 하지만 타임머신도 뚝딱 만들 수 있는 2088년 최첨단 미래라면 가능할 것이다. 복제 인간 클론은 더 말이 된다. 2017년에도 복제 인간을 만들 수 있는 기술은 있었으니까.

  천재는 소름이 오싹 끼쳤다. 갑자기 도플갱어가 떠올랐기 때문이다. 도플갱어는 복제 인간처럼 자신과 똑같이 생긴 사람을 만나는 건데, 그와 눈이 마주치면 죽는다고 했다. 으, 천재는 부르르 떨면서 곱슬머리 연구원이 있는 방에 다가가 물었다.

"아줌마, 저쪽 방에 아줌마랑 똑같은 사람 있는 거 알아요? 혹시 두 분 쌍둥이예요?"

곱슬머리 박사는 대답 대신 구식 로봇 같은 어색한 미소만 지었다.

"죄송하지만, 그럼 아줌마는 혹시 안드로이드예요?"

"글쎄……. 어쨌든 우린 합동이란다."

 합동은 모양도 같고 크기도 같아서 완전히 포개어지는 도형이다. 사람이 합동이라면? 천재는 머리가 어질어질할 정도로 혼란스러웠다. 곱슬머리 박사가 깔깔깔 웃었다.
"농담이야. 난 그냥 쌍둥이야. 저쪽 연구실에 있는 곱슬머리는 우리 언니야. 나보다 3분 일찍 태어났어."
"나도 쌍둥이야."
 옆에 있던 더벅머리 박사가 말했다.

 "난 닮은꼴이지만 합동은 아니야. 내 동생은 나보다 훨씬 심한 더벅머리거든. 머리카락이 나보다 7532개 더 많아서, 어제 자정 기준이다, 머리가 대나무로 짠 바구니처럼

부풀었어. 금방이라도 하늘로 둥둥 뜰 것처럼 말이야. 하하하."
 천재는 머리카락이 열기구 풍선 같이 부푼, 금방이라도 둥둥 떠오를 것 같은 더벅머리 박사를 보며 따라 웃어야 할지 말아야 할지 몰랐다.
 "이상한 쌍둥이 나라에 빠진 겁쟁이 같은 표정은 짓지 마라. 뱅뱅 로봇 연구소에 쌍둥이 박사들이 많을 뿐이야."
 "네, 어쨌든 안드로이드나 클론은 없어서 다행이네요. 그건 꼭 도플갱어 같잖아요. 도플갱어와 눈 마주쳐 봤어요? 그럼, 꽥……!"
 천재는 엄지손가락으로 목을 긋는 시늉을 했다.
 "우린 똑같이 생긴 사람과 맨날 눈이 마주쳐. 누가

도플갱어고 누가 쌍둥인 줄 어떻게 알지? 하하하."
 '과학적인' 사고를 하는 로봇 공학 박사들은 겁에 질리지도 않고 웃기만 했다. 덕분에 천재의 기분도 나아졌다. 알파 시티를 짊어지고 있는 두 어깨는 여전히 무거웠지만.
 "참, 저는 뱅뱅 박사님을 찾아왔어요. 아주 급하고 중요한 일이에요. 뱅뱅 박사님이 누구예요? 전 얼굴을 모르거든요. 뱅뱅 박사도 쌍둥인가요?"
 "아니, 쌍둥이는 아닌데 닮은꼴은 생겼……. 앗! 센서가 이상해."

 곱슬머리 박사는 천재의 말에 대답하다가 로봇 연구에 빠져 버렸다. 천재는 간절한 눈빛으로 더벅머리 박사를 쳐다보았다.
 "여기에는 5개의 연구실이 있어. 연구실 문은 모두 합동이지. 하나만 빼고. 합동이 아닌 문을 찾아. 거기가 뱅뱅 박사의 연구실이란다."

 천재는 더벅머리 박사의 말이 끝나기도 전에 밖으로 뛰쳐나갔다. 언뜻 보니 문은 다 달라 보였다.
 "박사님, 문이 다 다른데요? 색깔도 다르고 나무문, 철문, 돌문……, 다양해요."
 "합동은 색깔이나 재질과는 상관없어. 모양만 보면 돼."
 친절한 더벅머리 박사 덕분에 천재는 합동을 찾을 수 있었다.

물론 허리를 90°로 굽혀서 보고, 물구나무를 서서 보고, 옆으로 누워서 보고 별짓을 다했지만 말이다.

"찾았다."

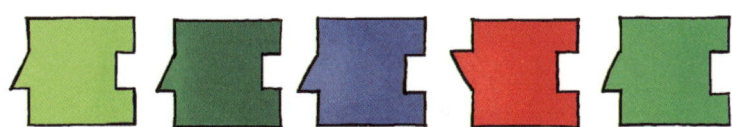

천재는 빨간 문을 벌컥 열었다. 긴 머리 박사가 깜짝 놀라 쳐다보았다.

"뭐냐, 병아리? 로봇 구경 왔냐?"

긴 머리 박사는 천재를 힐끗 쳐다보고는 앵무새 로봇으로 눈길을 돌렸다. 알록달록한 장난감 같은 앵무새 로봇은 우주 최강 인공 지능과 썩 어울려 보이지 않았다. 로봇이든 사람이든 겉모습만 보고는 알 수 없는 법이지만 말이다.

뱅뱅 박사가 가까이 오라는 손짓을 했다.

"잘됐다. 마침 테스트할 어린이가 필요했거든. 이제 전원을 켜……."

"안 돼요!"

천재는 잽싸게 몸을 날려 앵무새 로봇을 덮쳤다. 앵무새는 천재의 볼록한 똥배에 부딪혀 튕겨져 나갔다. 벽에 부딪히거나 바닥에 떨어져 부서졌으면 좋았겠지만 파닥파닥 날아올랐다. 벌써 전원이 켜진 모양이었다. 다행히 곧장 터지지는 않았다.

"안녕! 학교 가니? 같이 가자."

시한폭탄 앵무새가 발랄하게 말했다. 천재는 뱅뱅 박사의 손을 잡아끌었다.

"뱅뱅 박사님, 어서 피해요! 저 로봇은 곧 폭발할 거예요. 어서요!"

뱅뱅 박사는 천재의 손을 뿌리치고 펄쩍펄쩍 뛰었다.

'폭발'이라는 말에 정신이 반쯤 나간 것 같았다. 천재의 몸은 벌써 연구실 밖으로 반쯤 나왔다.

"준비물은 다 챙겼니? 아침밥은 먹고 가자."

어느새 앵무새 로봇이 따라 나와 재잘거렸다.

"으악!"

천재는 연구실로 도로 들어가 문을 닫았다. 다행히 앵무새는 따라 들어오지 못했다.

"뱅뱅 박사님, 저 로봇은 이제 곧 폭발할 거예요. 어쩌죠?"

"뭐? 왜? 어떡해! 근데 난 뱅뱅 박사가 아니야."

"네? 그럼, 저 앵무새는 오늘 로봇 발표회에서 선보일 로봇이 아니에요?"

"당연하지. 난 아직 대전시회장에서 로봇 발표회를 할 정도의 실력은 안 되거든."

"아, 다행이다. 우리는, 살았어요."

천재는 다리에 힘이 풀려서 풀썩 주저앉았다. 엉덩이를 세게 찧을 줄 알았는데 바닥이 몽실몽실했다.

"안 돼! 이거 고장 나면 뱅뱅 박사님한테 혼나!"

긴 머리 박사는 천재를 확 밀치고 엉덩이 밑에서 무언가를 조심스럽게 꺼냈다. 두 손으로 조심히 받치는 걸 보니 아주 중요한 물건 같았지만 천재의 눈에는 아무것도 안 보였다. 천재는 자기가 벌거벗은 임금님이 된 것

같았다.

"이건 해파리처럼 투명한 문어 모양 로봇이야. 맨눈으로는 안 보이고 특수 안경을 써야 보여. 질감은 느낄 수 있어서 말랑말랑하지. 만져 볼래?"

천재는 엘리자베스 콩 박사가 만든 인공 지능을 훔친 범죄 로봇, 투명 문어를 거칠게 움켜쥐었다. 당장 체포하고 싶었지만 증거가 없어서 꾹 참았다. 대신 뱅뱅 박사를 찾아 그 죄를 꼭 묻겠다고 다짐했다.

"뱅뱅 박사는 어딨어요?"

"몰라. 오늘 발표할 로봇을 들고 나갔으니 어디서 발표

준비 중이겠지. 지금 시간이……."

천재는 그제야 시계를 쳐다보았다.

"벌써 1시 35분이야? 으악, 어떡해! 뱅뱅 로봇 발표회는 1시인데 벌써 지났단 말이야? 어떡해! 발표회장으로 가? 안 할배 집으로 가? 로보슈타부터 구해? 알파 시민부터 지켜?

콩 박사 영혼은 언제 몸으로 돌려보내? 으앙!"

천재는 미친 듯이 날뛰며 연구실 밖으로 나가려 했다. 긴 머리 박사는 정신이 반쯤 나간 듯한 어린이가 불쌍해서 사실을 말해 주었다.

"애야, 네가 시계를 잘못 본 거야. 1시 되려면 아직 멀었어. 넌 거울에 비친 시계를 봤거든."

거울은 반대로 보여 주니까, 거울에 비친 시각이 1시 35분이면, 실제 시각은 10시 25분이다. 로봇 발표회가

열리는 1시까지 남은 시간은 2시간 35분.
천재는 어디로 갈지 결정해야 했다.
결정을 도와줄 사람은 없고 망설일
시간은 더더욱 없다.

'내 임무는 뱅뱅 박사가 만든 로봇이
폭발하지 않게 만드는 거다. 그러기 위해서는 뱅뱅 박사를
찾아야 해.'

하지만 알파 시티는 너무 넓어서 천재가 2시간 35분 동안
돌아다녀도 뱅뱅 박사를 찾을 가능성이 거의 없었다.

'내 임무는 안 할배에게 잡혀간 친구들을 구하는 거다.
친구들과 함께라면 뱅뱅 박사를 막을 가능성이 더 커지지.
그러니까 로보슈타와 콩 박사님부터 구하자.'

천재는 엉덩이로 벽을 쿵 쳤다. 슝 소파가 놀란 듯 툭
튀어나왔다.

"안 할배 집으로 출바~알!"

슝~. 미래 소년이 다 된 천재가 빠르게 날아갔다.

천재가 팔라우에 갈 수 있는 가능성은?

"놔줘! 이 못된 늙은 악당 같으니라고!"
"알파 시티가 멸망하면 다 당신 탓이야!"
 로봇 유령과 인간 영혼은 새장 같은 유령 감옥에 갇혀 고래고래 소리를 질러 댔다. 로보슈타는 알파 시티의 두꺼운 벽도 통과할 수 있는 가뿐한 유령 몸이었지만 유령 감옥은 빠져나갈 수 없었다. 콩 박사의 영혼도 마찬가지였다. 유령과 영혼은 유령 감옥의 창살을 두 손으로 잡고 흔들며 꺼내 달라고 소리소리 질렀다. 하지만 귀가 적당히 먹은 안 할배는 듣는 척도 안 했다. 안 할배는 떡볶이를 만들며 여유를 부렸다.

"너희는 유령 천국으로 보내 줄게. 그래도 친구랑 작별 인사는 하게 해 줄게. 그 녀석, 꼭 찾아올 거야. 유령과의 우정을 아는 녀석이거든. 그 녀석, 떡볶이 좋아하지? 어쩐지 떡볶이를 좋아할 인상이야. 아이고, 맵고 맛있겠다."

안 할배는 천재에 대해 잘 아는 것처럼 말했다. 로보슈타는 저도 모르게 버럭 소리쳤다.

"할배가 그런 걸 어떻게 알아요?

천재랑 얼마나 친하다고. 천재랑 진짜 친한 유령은 나거든요!"

불쑥 말해 놓고 로보슈타는 깜짝 놀랐다. 기분이 나빴기 때문이다. 로봇은 기분에 대해 사람보다 더 잘 알지만 기분을 느낄 수는 없는데! 로보슈타는 자신의 인공 지능 어딘가가 미세하게 고장 난 것 같았다.

"이 나이가 되면 얼굴만 보면 다 알아. 인공 지능도 필요 없다니까."

안 할배는 시계를 힐끔 쳐다보고 현관문을 슬쩍 열어 두었다. 기다렸다는 듯이 천재가 나타났다.

"안 할배! 내 친구들을 놔줘요! 내 친구들을 해쳤다가는 할배라도 가만 안 둘 거예요!"

천재는 날려 차기라도 할 것처럼 뛰어왔다가 벽에 걸린 아름다운 섬 사진 앞에서 우뚝 멈추고 말았다.

"팔라우……네요?"

안 할배의 눈이 반가움으로 반짝였다.

"네가 팔라우를 어떻게 아니?"

"가 봤거든요."

"그래? 정말 멋진 곳이지!"

"끔찍하게 멋지죠."

천재는 팔라우에서 온 잘난 척하기를 좋아하고 게으르지만 천재를 끔찍하게 좋아했던 뚱땡이 유령 친구를 떠올렸다. 유령 세계에 문제가 생기면 언제나 찾아와 괴롭히던, 아니 도움을 청하며 함께 모험을 했던 수학 탐정 유령 마방진. 수학 실력도 쑥쑥 키워 주고 덤으로 담력도 키워 준 따뜻한 유령. 그런데 지금은 왜 안 오는 거야? 우정이 식은 거야, 미래는 취급 안 하겠다는 거야, 뭐야?

"그런데 천재 네가 다시 팔라우에 갈 가능성은 0이야. 다시는 못 갈 거야."

안 할배가 울적한 목소리로 말했다. 천재는 펄쩍 뛰었다.

"왜요? 전 스무 살이 되면 꼭 다시 갈 거거든요!"

스무 살이 되면 여자 친구랑 같이 팔라우에 다시 가는 게 천재의 소박한 꿈이었다.

"불가능해. 팔라우는 얼마 전 지구상에서 사라졌단다. 바닷물에 풍덩 빠져 버렸어. 지구 온난화 때문이지."

지구 온난화는 말 그대로 지구가 따뜻해지는 현상이다. 환경 오염으로 대기 중의 이산화탄소가 점점 많아져 지구의 기온이 점점 올라가는 것이다. 그 결과 남극과 북극의 빙하가 녹고 바닷물의 수위가 높아져 태평양의 작은 섬들은 바다에 잠기게 된다.

천재가 살았던 2017년에도 투발루라는 작은 섬이 바다에 잠기고 있어 주민들이 다른 나라로 옮겨 가는 불행한 일이 있었다. 그런 뉴스를 볼 때마다 천재는 막연히 안타깝다고 느꼈지만 현실감은 없었다. 자신에게 닥칠 끔찍한 미래라고 인식하지 못한 것이다.

"안 할배, 북극곰은 아직 있나요? 벌써 멸종된 건 아니죠?"

"있긴 있지, 동물원에. 북극에서 사라진 지는 오래됐고."

안 할배는 팔라우 사진 옆에 붙은 그림을 가리켰다.

"이건 지구의 평균 기온을 나타낸 그래프야. 팔라우가

물에 잠긴 걸 알고 충격을 받아 지구의 기온 변화를 한 번 알아봤단다."

그래프는 자료를 알아보기 쉽게 그림으로 나타낸 것이다. 수량의 크기나 변화를 한눈에 알아볼 수 있다. 막대그래프는 자료의 크기를 막대 모양의 그림으로 나타낸 것인데, 막대의 길이에 따라 수량이 많은지 적은지, 늘어나는지 줄어드는지 비교하기 좋다. 꺾은선그래프는 시간의 흐름에 따른 변화를 알 때 편리하다. 두 그래프를 같이 쓰면 시간의 흐름에 따른

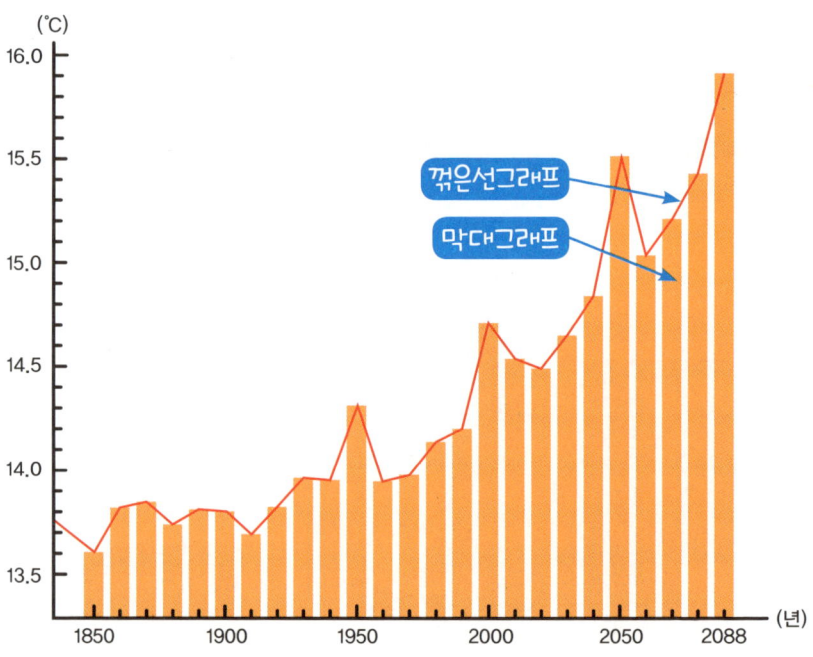

수량의 변화를 한눈에 볼 수 있어서 두 배로 편리하다.

천재는 지구의 평균 기온 변화 그래프를 뚫어져라 쳐다보았다.

"자세히 보나마나 지구의 기온은 끔찍하게 오르고 있단다. 지난 100년 동안 약 2℃나 올랐어. 지구 온난화를 막기 위해 온 세계가 노력한 결과라는데……. 모르겠다, 나는. 투발루, 베니스, 몰디브, 뉴욕, 상하이, 방콕, 키리바시, 팔라우 등이 물에 잠겼는데 이만큼도 잘한 거라고 해야 하는지. 아무튼 너와 내가 비행기를 타고 팔라우에 다시 갈 가능성은 0이야. 잠수함을 타고 간다면 모를까."

안 할배의 목소리는 착 가라앉았다. 천재도 눈물이 날 것 같았다. 작별 인사도 못 했는데 팔라우와 영영 이별해야 하다니……, 잠깐만! 천재는 지금 2088년 알파 시티에 있다. 하지만 원래 천재는 2017년 서울 사람 아닌가. 2017년 팔라우는 아직 멀쩡하다. 돌아가면 맹렬하게 환경 운동을 해서 팔라우를 꼭 지키면 된다!

"아니거든요. 과거로 돌아가면 다시 갈 수 있어요. 가능성은 0이 아니라고요."

"예끼! 과거로 어떻게 가나? 타임머신도 없는데.

타임머신만 있으면 나도 가고 싶은 데가 좀 있다만……."
 안 할배의 아련한 눈빛을 본 콩 박사는 재빨리 말했다.
 "안 할배. 날 풀어 줘요. 그깟 타임머신, 내가 만들어 줄게요. 안 그래도 타임머신을 하나 만들어 볼까 했는데 마침 그 타이밍에 몸과 영혼이 분리됐거든요. 날 풀어 주면, 일단 범인을 잡고 내 몸으로 돌아가 건강해져서 타임머신부터 만들게요. 그걸 타고 과거로 가서 팔라우도 가면 되잖아요, 네?"
 콩 박사 영혼의 눈빛이 반짝반짝 빛났다. 안 할배는 콩 박사의 빛나는 눈을 한참 쳐다보았다. 그 나이가 되면 눈빛만 봐도 진심인지 아닌지 알 수 있으니까.
 "좋아. 내가 아는 어떤 유령만큼 잘난 척은 심해도 거짓말을 할 사람은 아니네."
 안 할배는 순순히 유령 감옥의 문을 열어 주었다. 콩 박사와 로보슈타는 팔랑팔랑 날아서 로봇 발표회장으로 날아갔다.

 뱅뱅 박사는 알파 시티의 대전시회장 앞에서 멈춰 섰다. 심장이 콩닥콩닥 뛰었다. 전에도 로봇 발표회를 해 보았지만 이렇게 큰 전시회장에서는 처음이었다.

　로봇 공학을 공부한 17년의 세월이 영화처럼 샤라락 스쳐 지나갔다.
　'여기서 로봇 발표회를 한 사람은 엘리자베스 콩밖에 없었지, 뭐. 나는 엘리자베스 콩보다 5년이나 더 노력했는데 2인자밖에 못 됐어. 5년이 얼마나 긴 세월인 줄 알아? 365(일)×5(년)=1825(일)이라고. 시간으로 치면 1825(일)×24(시간)=43800(시간)이야.'
　뱅뱅 박사는 엘리자베스 콩을 생각하자 콩닥콩닥 뛰던 심장이 무거운 돌에 깔린 듯 묵직해졌다.
　"괜찮아, 다 잘될 거야."
　뱅뱅 박사는 흰 천으로 살짝 감싼 로봇을 꼭 껴안고 전시회장으로 들어갔다. 넓고 화려한 홀에는 사람들이 가득했다. 조명은 별처럼 반짝였고, 사람보다 로봇을 더 좋아하는 팬들은 환호성을 지르며 박수를 쳤다. 뱅뱅 박사는 기대에 가득 찬 로봇 팬들 사이를 뚜벅뚜벅 걸어 무대 위로 올라갔다. 뱅뱅 박사는 무대 한가운데에 흰 천으로 감싼 오늘의 주인공 '리온'을 세웠다.
　때맞춰 무대의 오른쪽에서 밝은 주황색 빛이 쏟아지며 화성 왕복선에 있는 알파 시티 회장의 모습이 나타났다. 거대한 자이언트 로봇에 탄 알파 회장은 3D 홀로그램

통신임에도 불구하고 웅장하고 힘이 넘쳐 보였다. 뱅뱅 박사와 관객들은 열렬한 박수로 알파 회장을 환영했다. 알파 회장이 워워 하는 손짓을 하자 자이언트의 길고 무시무시한 팔도 똑같이 따라했다.

"알파 시민 여러분, 반갑습니다. 저는 지금 화성 왕복선에 있어요. 뱅뱅 박사가 멋진 로봇 자랑을 끝낼 때쯤 지구에 도착할 테니 함께 축하 파티를 즐깁시다. 알파, 우주 정거장은 준비가 다 되어 있겠지? 우리가 곧 착륙할 거야."

"걱정 마십시오. 알파는 모든 변수를 미리 생각하고 준비합니다."

알파 시티의 모든 것을 관리하는 알파다웠다. 회장은 고개를 돌려 뱅뱅 박사에게 미소를 지었다.

"뱅뱅 박사, 정말 기대가 큽니다. 엘리자베스 콩 박사가 만들었던 로보슈타는 인간을 위협하는 위험한 로봇이었습니다. 엘리자베스 콩 박사가 그런 짓을 했다는 게 지금도 나는, 믿을 수가 없어요. 나쁜 과학자는 나쁜 로봇보다 더 위험한 존재이지요."

알파 회장은 손을 들어 눈물을 훔쳤다. 자이언트도 따라서 눈물을 훔쳤다. 거대한 몸집 때문인지 자이언트의 몸짓은 기괴해 보였다.

"뱅뱅 박사, 리온은 인간을 위한, 화성 쌍둥이 알파 시티 건설을 위한 좋은 로봇이겠지요? 뱅뱅 박사와 리온을 진심으로 믿고 환영합니다."

때마침 전시회장으로 들어오던 콩 박사와 로보슈타는 회장의 이야기를 모두 듣고 말았다.

"난 나쁜 과학자가 아니에요!"

"난 위험한 로봇이 아니에요!"

로보슈타와 콩 박사는 누가 먼저랄 것도 없이 알파 회장에게 달려들었다. 하지만 홀로그램 속 회장은 손에 잡히지 않았다. 통신은 지지직거리다 그만 꺼지고 말았다.

"나보고 나쁜 과학자라고요? 나와 내 로봇이 위험하다고요? 내 몸이 다시 깨어나면 절대로

 회장님하고는 일 안 할 거예요! 이 의리 없는 사람 같으니라고. 안 그래, 로보슈타?"

 흥분한 콩 박사가 로보슈타의 어깨를 툭 건드렸다. 세게 친 것도 아닌데 로보슈타는 바람 빠진 풍선처럼 스르르 바닥에 떨어지고 말았다. 홀로그램 통신에 부딪힐 때 강한 전류에 감전돼 정신을 잃은 것이다.

 "로보슈타! 로보슈타 괜찮아? 어디가 고장 난 거야, 응?"
 콩 박사는 급한 대로 로보슈타의 전원을 껐다 켜 보았다. 로보슈타는 꿈쩍도 하지 않았다. 콩 박사는 눈물을 뚝뚝 흘리며 로보슈타를 껴안았다. 이 천재 로봇 박사는 유령에 대한 지식이 전혀 없어서 로봇 유령을 어떻게 고쳐야 할지 몰랐다.

10

인공 지능 로봇 리온, 별이 되다!

   관객들은 일제히 탄성을 질렀다. 뱅뱅 박사가 공개한 로봇은, 뱅뱅 박사와 똑같았다. 크기만 작을 뿐, 완벽한 안드로이드였다. 머리카락과 피부결, 눈동자 색깔, 뺨에 있는 점까지 똑같았다.
   "여러분에게 도움이 필요하면 바로 제가 나타날 겁니다. 정확히 말하면 제 닮은꼴이지만요. 핫핫핫."
   뱅뱅 박사는 감탄하는 사람들에게 웃으며 농담을 건넸다. 많은 사람들이 따라 웃었지만 콩 박사는 오늘의 주인공 로봇을 쳐다보지도 않았다. 쓰러진 자신의 로봇을 살피느라 다른 데 한눈팔 틈이 없었다.

"이제 리온이 깨어나면 여러분은 더 놀라게 될 겁니다. 로봇이 갖추어야 할 모든 것을 갖춘 우주 최고, 최강 로봇이니까요. 바로 저처럼요."

뱅뱅 박사는 자신만만한 태도로 리온의 전원에 손가락을 갖다 댔다. 온몸이 떨렸지만 기분은 좋았다. 세상에서 가장 훌륭한 몸체, 센서, 구동기, 콘트롤러, 프로세서, 거기에 세상에서 가장 뛰어난 콩 박사의 인공 지능 소프트웨어를 심은 리온은 세상에 다시없을 최고의 로봇이니까. 뱅뱅 박사는 잠시 눈을 감고 심호흡을 했다. 죄책감이 조금이나마 빠져나가기를 바라며.

"이 도둑 박사야. 내 울트라 주먹을 받아라."

바로 그 순간 슈퍼울트라슈트로봇을 입은 안 할배가 천재를 안고 날아 들어왔다. 안 할배는 우렁차게 외치며 주먹을 쏜다는 게 그만 안고 있던 천재를 뱅뱅 박사에게 던져 버렸다. 천재의 짧은 두 다리가 저도 모르게 뱅뱅 박사의 가슴팍을 퍽 치고 말았다. 천재가 의도한 발차기는 아니었지만 어쨌든 박사는 뒤로 벌렁 넘어지고 리온은 바닥에 뒹굴었다.

"넌 뭐야? 저 슈트 로봇은 또 뭐고?"

뱅뱅 박사는 어리둥절한 표정으로 천재와 안 할배를

번갈아 쏘아보았다. 관객들도 일제히 천재를 쳐다보았다. 하필이면 무대 한가운데 떨어진 천재는 자신에게 쏠린 수백 개의 눈을 보며 천천히 일어났다.

'뭐라고 말하지? 무섭게? 상냥하게? 그래도 무대 위니까 연예인처럼 멋지게? 에라 모르겠다!'

"뱅뱅 박사님! 당신은 콩 박사님을 해치고 로보슈타를 폭발시켰나……요?"

"무, 무슨 소리야? 알파! 이자들을 당장 내보내. 경비 로봇을 불러!"

　곧이어 알파 시티의 안전을 책임지는 알파의 목소리가 들려왔다.
"여러분, 대전시회장에서 작은 소란이 일어났습니다. 시민 여러분은 안전한 집으로 돌아가시기 바랍니다. 알파가 깨끗하게 해결하겠습니다."
　알파의 명령이 떨어지자마자 시민들은 좀비들처럼 우르르 빠져나갔다. 뱅뱅 박사는 바닥에 떨어진 리온을 조심스럽게 살폈다. 다행히 흠집은 없었다. 박사는 한 팔로 리온을 감싸 안았다. 둘의 모습이 너무 닮아서 꼭 아버지가 아들을 안고 있는 것 같았다.
"당신들은 누구야? 지금 내 로봇을 훔치러 온 거야? 슈트 로봇을 입고? 할아버지와 손자로 위장한 스파이들이야? 알파, 이 사람들을 조사해 줘. 아니, 이 침입자들을 당장 체포해!"
"훔쳤다고요? 체포하라고요? 진짜 도둑이 누군데요? 로보슈타의 인공 지능을 훔친 사람이 누군데요? 투명 문어 로봇을 시켜 콩 박사님 연구실에 침입한 사람이 누구냐고요? 양심이 있으면 말을 해 봐요."
　천재가 야무지게 받아치자 뱅뱅 박사의 얼굴색이 확 변했다.

"그건……. 네가 그걸 어떻게……!"

뱅뱅 박사와 천재 사이에 가파른 긴장감이 흘렀다. 잠시 뒤 알파의 날카로운 목소리가 긴장감을 톡 터트렸다.

"비상사태! 비상사태! 전시회장에 위험 물질 감지! 뱅뱅 박사님, 어서 피하십시오!"

로보슈타를 살피던 콩 박사가 고개를 번쩍 들었다. 예전에도 이런 일이 있었다.

"뱅뱅 박사님 반경 1m 안에 위험 물질 감지. 레드 경보 발행. 경비 로봇, 1분 안에 위험 물질을 제거하라. 박사님, 당장 위험 물질에서 떨어지십시오."

알파의 명령이 떨어지자마자 벽에서 시커먼 경비 로봇들이 우르르 쏟아졌다. 정이십면체 로봇들은 데굴데굴 구르고 척척척 붙어 무시무시한 지네봇으로 변신했다. 어떤

정이십면체 전개도

것들은 정이십면체의 전개도 모양으로 촤르르 펼쳐지더니 지네의 등에 붙어 날개가 되었다. 정말 다양한 모양의 날개들이었다. 천재는 정이십면체의 전개도가 그렇게 다양한지 처음 알았다. 목숨이 달랑달랑한 순간에 덜덜 떨면서 수학이라니! 천재는 유령만 만나기만 하면 수학

천재가 되려는 자신의 머리를 도저히 이해할 수 없었다.
 지네봇들은 스륵스륵 기어서, 사락사락 날아서 징글징글하게 천재를 압박했다. 천재는 당장 2017년의 서울로 도망치고 싶었다. 하지만 발이 딱 붙어서 꼼짝도 하지 않았다.
 "저리 꺼져, 이 지네봇들아! 우리 천재한테 손도 대지 마!"
 안 할배가 울트라 주먹을 붕붕 휘두르며 다가왔다.

하지만 지네봇이 더 빨랐다. 순식간에 천재가 서 있는 무대 중앙을 에워싸고 돌진해 천재의 머리와 발끝을 사뿐히 지나 리온에게 몰려갔다. 지네봇의 목표물은 천재가 아니라 리온이었던 것이다. 까만 지네봇들은 뱅뱅 박사를 꼭 닮은 리온에게 덕지덕지 붙었다.

"알파, 어떻게 된 거야? 경비 로봇들이 왜 리온을 공격하는 거지? 침입자는 저 슈트 로봇과 이 꼬마야! 리온은 보호해야 할 대상이라고!"

뱅뱅 박사가 다급하게 외쳤다. 알파가 상냥하면서도 냉정한 목소리로 대답했다.

"아닙니다, 뱅뱅 박사님. 리온은 3초 전에 1급 위험 물질로 분류되었습니다. 리온을 버리고 어서 피하십시오. 인공 지능 알파는 알파 시티 시민의 안전을 위해 리온을 해체, 또는 폭파할 수 있습니다. 카운트다운을 시작합니다. 59, 58, 57……."

알파는 매정하게 카운트다운을 시작했다. 뱅뱅 박사는 미친 듯이 소리쳤다.

"알파! 리온은 사람들을 돕는 구조 로봇이야. 정신 차려! 네가 뭘 착각한 거야. 저리 가, 이 지네봇들아! 감히 나를 공격할 셈이야? 내가 너희를 만들었어. 알파 시민의 안전을

지키라고 만들었다고!"

 알파의 카운트다운은 계속되었다. 하지만 뱅뱅 박사는 리온을 버리고 달아나지 않았다. 리온이 진짜 아들이라도 되는 듯 더 세게 껴안았다.

 지네봇들은 리온과 리온을 껴안고 있는 뱅뱅 박사를 향해 레이저 광선을 쏘며 다가와 까맣게 달라 붙었다. 뜨거운 레이저 광선으로도 리온을 고장 내지 못하면 다음 순서는 폭발이었다.

 그 모습을 보고 있던 콩 박사는 두 손으로 입을 막았다. 다음에 닥칠 끔찍한 일을 막고 싶었지만 머릿속이 텅 비어 버렸다.

 "그때와 똑같아. 뱅뱅 박사는 나고, 리온은 로보슈타야. 어떻게 또 이런 일이 생겼지? 아, 로보슈타. 구해 줘. 살려줘."

 콩 박사가 탄식처럼

속삭였다. 그 순간 로보슈타가 눈을 번쩍 떴다. 로보슈타는 순식간에 유령 에너지를 넓게 퍼트려 천재와 콩 박사를 감쌌다.

"리온, 안 돼……. 살려 줘. 구해 줘."

뱅뱅 박사가 울부짖었다.

그 순간 리온이 번쩍 눈을 떴다. 최고의 인공 지능으로 뱅뱅 박사와 전시회장의 사람들을 구할 방법을 계산했다.

리온은 등에 붙은 작은 날개를 보자기처럼 얇게 펼쳤다. 보자기의 끝은 물처럼 흘러 뱅뱅 박사와 지네봇 사이로 스며들었다. 지네봇을 똘똘 뭉쳐 한 덩어리로 만들었다. 지네봇은 너무 뜨거웠다. 폭발 직전이었다.

리온은 얇지만 강한 자신의 날개가 지네봇의 폭발을 이겨 낼 수 있는지 계산해 보았다. 안타깝게도 불가능했다.

리온은 지네봇이 폭발할 경우 입을 피해를 계산해 보았다. 전시회장이 무너지고 뱅뱅 박사와 슈트 로봇을 입은 노인과 어린이의 목숨을 보장할 수 없다는 결과가 나왔다. 리온은

커다란 지네봇 뭉치를 둘러매고 하늘로 솟아올랐다.

"뱅뱅 박사님, 제 임무는 박사님과 알파 시민들을 돕는 것입니다. 임무를 수행하겠습니다."

리온은 로켓처럼 솟아올라 초속 200km의 속도로 우주로 날아갔다.

콰콰쾅!

정확히 6초 뒤 우주에서 작은 폭발이 일어났다. 리온은 세상에 나오자마자 우주의 별이 되었다. 알파 시티와 알파 시민들을 지키기 위해 깜깜한 우주에서 폭발한 것이다.

"으어어헝. 리온. 리온."

뱅뱅 박사는 제 머리를 쥐어뜯으며 엉엉 울었다.

"위험 물질 제거 완료. 다수의 경비 로봇이 실종됨. 알파가 사건 조사단을 파견하겠습니다. 남아 있는 여러분들은 안전한 집으로 돌아가십시오."

　대전시회장 안에는 알파의 상냥하면서도 딱 부러지는 목소리와 뱅뱅 박사의 울음소리가 소름 끼치게 울려 퍼졌다.

현실이 된 영화 속 로봇

영화에서만 보던 신기한 로봇들이 현실에도 등장하고 있다. 로봇 청소기는 이미 오래전에 등장했고, 로봇 택시 기사는 곧 자율주행 자동차가 대신하게 될 것이다.
영화 <스타워즈>에서 은하계의 언어를 통역하던 통역 로봇 같은 통역, 번역 기능의 애플리케이션(앱)이 나왔다. 외계인의 언어가 아닌 지구인의 언어를 통역하고 있지만 말이다.
영화 <아이언맨>의 주인공을 전 세계의 영웅으로 만든 슈트 로봇도 이미 현실화되었다. 미국 군대에서 무거운 물건을 드는 슈트 로봇을 사용하고 있고, 장애인들도 슈트 로봇의 도움을 받아 몸을 움직일 수 있게 되었다.
얼마 전 우리나라에서는 영화 속에 자주 등장하는 거대한 탑승형 로봇을 발표했다. '메소드2'라는 이름의 이 탑승형 로봇은 키가 4m이고 두 발로 걸을 수 있다. 아직은 영화처럼 자연스럽게 움직이지 못하지만 미래에는 산업 현장이나 재난 현장에서 사람들을 도울 것이다.

11

화성에서 온 우주인 유령들

"아니, 파티가 벌써 끝났나? 다들 어딜 간 거야?"

대전시회장의 분위기와 전혀 맞지 않는 경쾌한 목소리가 들렸다. 천재가 고개를 들어 보니 대전시회장 입구에 엄청나게 큰 로봇이 서 있었다. 알파 시티 회장과 회장이 타고 다니는 로봇 자이언트였다. 실제로 보니 자이언트는 크기만 했지 촌스럽고 투박한 구식 로봇 같았다. 소문대로 엄청나게 힘이 셀 것 같긴 했지만.

"오! 뱅뱅 박사, 수고가 많았네. 우리 리온은 어디 있나? 어서 보고 싶군."

뱅뱅 박사는 울음을 멈추고 회장을 쳐다보았다. 천재도

분위기에 맞지 않게 싱글싱글 웃고 있는 회장의 얼굴을 쳐다보았다. 없던 정도 뚝 떨어지게 만드는 심술궂고 비열한 인상이었다. 텅 빈 전시회장과 울상인 뱅뱅 박사를 보고도 사태 파악을 못 하는 눈치도 마음에 안 들었다. 안 할배도 마찬가지인 것 같았다. 안 할배는 헬멧을 벗어 던지며 버럭 소리쳤다.

"이 꼴을 보고도 그걸 물어? 자넨 정말 예나 지금이나 눈치라고는 약에 쓸 만큼도 없구먼. 어떻게 알파 시티의 회장 노릇을 하는지 모르겠어."

안 할배를 알아본 회장은 오만상을 찌푸렸다.

"안 바보? 네놈이 왜 여기 있어? 로봇의 R자도 모르는 놈이 로봇 발표회에는 뭔 일이야?"

"흥! 너야말로 그 고물 로봇에서 좀 내려오지. 큰 로봇을 타면 큰 사람이 되는 줄 아냐?"

"너야말로 얄궂은 슈트 로봇이나 벗어 던지시지. 네 나이에 채신머리없게 슈트 로봇이 뭐냐?"

안 할배와 알파 회장은 성난 코뿔소처럼 으르렁거렸다. 천재는 어떻게 끼어들어야 두 할아버지 코뿔소의 뿔에 받히지 않을까 고민하며 이마만 문질렀다.

그때 갑자기 뱅뱅 박사가 자이언트의 다리에 매달렸다.

"회장님, 리온이 죽었어요……. 알파가 이상해진 걸까요? 리온이 위험 물질이라며 경비 로봇을 보내 폭파를……. 바이러스라도 먹었을까요? 아니면 어떤 나쁜 놈이 알파를 조종하는 걸까요?"

"그럴 리가 있나! 알파 시티의 보안이 얼마나 철저한데. 어쨌거나 이런 비극이 또 생기다니."

회장은 놀라서 눈이 휘둥그레졌다. 눈이 튀어나올 정도로 놀란 모습은 금세 참담한 표정으로 바뀌었다.

"뱅뱅 박사, 믿기 어렵겠지만 범인을 알 것 같네. 알파를

조종할 사람은, 리온을 위험 물질로 분류하라고 명령할 사람은, 알파 시티에서 딱 한 명뿐이야. 바로 콩 박사!"

순간 전시회장 안은 침묵에 싸였다. 모두가 너무 놀라서 입을 떡 벌릴 뿐 아무 말도 할 수 없었다. 그리고 정확히 3초 뒤 콩 박사가 침묵을 뚫고 솟아올랐다.

"아니거든! 난 생명과 로봇을 모두 사랑하는 좋은 사람이자 로봇 공학자라고."

콩 박사의 영혼은 온 에너지를 모아 알파 회장에게 덤벼들었다. 하지만 자이언트에 닿자마자 고압 전기에라도 감전된 것처럼 부르르 떨며 바닥에 툭 떨어졌다. 엄청난 충격으로 콩 박사의 몸은 거의 투명해졌다. 안 할배가 콩 박사의 영혼을 안아 올렸다.

"큰일 났어. 영혼이 완전히 투명해지면 몸과의 연결이 끊기게 돼. 그러면 진짜 유령이 되고 말 거야. 콩 박사의 몸이 영원히

죽는다고."

"그럼 어떡하죠?"

"시간이 얼마나 남았어요?"

천재와 로보슈타가 동시에 외쳤다. 안 할배는 영혼 생명 에너지 측정기를 꺼냈다.

"영혼 생명 에너지가 겨우 한 칸 남았어. 콩 박사가 몸에서 나온 지 얼마나 됐지?"

"어제 아침 10시에 박사님을 만났으니까……."

천재가 손가락을 막 한 개 꼽았을 때 최고의 인공 지능 로보슈타가 계산을 마쳤다.

"어제 아침 10시에 박사님을 만났고, 오늘 아침 10시쯤 안 할배에게 잡혔고, 1시 30분에 뱅뱅 박사의 로봇 발표회를 보았고, 지금은 4시 25분니까 24시간 + 3시간 30분 + 2시간 55분 = 30시간하고 25분이 더 지났어요."

"흠, 그것밖에 안 됐는데 에너지가 다 떨어진 거야? 건강한 몸이라면 영혼이 48시간 정도는 나가 있을 수 있는데. 아무래도 콩 박사의 몸 상태가 안 좋은 것 같아. 어서 콩 박사의 영혼을 돌려보내야겠어. 1분 1초가 급해."

"박사님은 제가 병원으로 데려갈게요."

로보슈타는 콩 박사를 등에 업고 로켓처럼 솟아올랐다. 안 할배는 서두르는 로보슈타의 꼬리를 간신히 붙잡았다.

"잠깐만! 내가 가야 해. 로보슈타 너는 나보다 똑똑하지만 콩 박사의 영혼을 몸으로 돌려보내는 방법을 모르잖아. 내가 병원으로 갈게. 너희는 콩 박사를 이렇게 만든 진짜 범인을 찾아."

안 할배는 콩 박사의 영혼을 꼭 안고 진짜 슈퍼 영웅처럼 멋지게 날아갔다. 천재는 눈을 꼭 감고 콩 박사의 몸과 마음이 무사히 하나가 되기를, 건강해지기를 바랐다. 눈을 떠 보니 로보슈타도 콩 박사가 무사하기를 기도하고 있었다. 로보슈타는 로봇에서 사람보다 더 감정이 풍부하고 정이 많은 유령으로 바뀌어 가고 있었다.

"어? 알파 회장은 어디 갔지?"

그래도 로봇 유령은 아직 사람보다 더 이성적이었다. 알파 회장이 대전시회장을 빠져나간 사실을 로보슈타가

먼저 알아차렸다.
"멀리 못 갔을 거야."
"쫓아가 보자."
천재는 대전시회장의 문을 벌컥 열었다.
"으허헉!"
천재와 로보슈타는 한 발짝도 나가지 못했다. 쓰나미 같은 거대 유령 파도에 휩쓸려 전시회장 안으로 밀려 들어오고 말았다.
"유령의 친구, 내가 보이냐?"
"아가야, 내가 보이니?"
"얘야, 내가 보이지이히~?"

수많은 유령들이 같은 말을 중얼거리며 쏟아져 들어왔다. 유령의 친구 경력이 상당한 천재조차 한꺼번에 그렇게 많은 유령을 본 적이 없었다. 유령 세계로 넘어갔을 때도 그렇게 많은

유령들이 한꺼번에 천재를 압박한 적은 없었다. 유령들은 하나같이 뽀얀 먼지를 뒤집어쓴 채 몹시 지친 표정으로 천재에게 달려들었다. 천재는 숨이 턱 막혔다. 정말로 기절하고 싶었지만 역시나 튼튼한 몸은 쉽게 쓰러져 주지 않았다. 천재는 유령들 틈으로 입을 뾰족 내밀고 웅얼거렸다.

"로보슈타! 살려 줘! 구해 줘!"

    구조 신호에 민감하게 반응하는 로보슈타는 단숨에 천재를 구하려 했지만 역시나 유령들 사이에 꽉 끼어 빠져나갈 수 없었다.

    "천재야, 기다려! 내가 구해 줄게!"

    로보슈타는 소리만 꽥꽥 질러 댔다. 하는 수 없이 천재는 제 목숨을 스스로 구하기로 했다. 천재는 우선 적의 정체를 파악하기로 했다.

    "도대체 당신들은 누구예요?"

    와글와글 와글와글. 유령들이 한꺼번에 소리를 질러

댔다. 쩌렁쩌렁한 목소리들 사이로 화성이 어쩌고, 폐허가 어쩌고, 회장이 어쩌고…… 했지만 무슨 뜻인지 알아들을 수 없었다. 유령들의 차디찬 숨결 때문에 고막만 꽁꽁 얼어붙는 것 같았다.

"좀 작은 소리로 말할 수 없어요?"

웅성거리는 목소리들이 순식간에 잦아들었다. 화성이 어쩌고, 폐허가 어쩌고, 회장이 어쩌고…… 수군수군 수군수군. 속삭이는 소리가 엉킨 실타래처럼 꼬여 알아들을 수 없었다. 천재는 한숨을 푹 쉬었다. 단어 선택은 언제나 정확해야 한다. 유령에게나 사람에게나.

"제발, 한 사람만 대표로 말해 줄래요? 적당한 목소리로요."

"우린 유령이란다."

먼지를 가장 많이 뒤집어쓴 험상궂은 아저씨 유령이 상냥하게 말했다.

"그건 말 안 해도 알겠네요."

"우린 화성에서 온 우주인 유령이야. 원래 지구인이었지만 쌍둥이 알파 시티 건설 일을 하러 화성에 갔다가 유령이 되고 말았지. 알파 회장의 우주선을 타고

 오늘 지구에 도착했단다. 회장은 우리가 함께 온 걸 몰라. 회장은 유령의 친구가 아니라 우릴 알아보지 못하니까."
 천재는 우주인 유령을 만나 본 적이 한 번도 없었다. 외계에서 온 외계인 유령은 만난 적이 있었는데, 그 유령은 별로 착하지 않았던 것 같다.

'지구인이 우주에서 유령으로 변한 우주인 유령은 좀 다르겠지? 착하겠지? 그렇기를!'

천재는 어깨를 부르르 떨었다.

"겁내지 마라. 우린 우주에서 유령이 되었지만 괜한 사람들을 겁줄 생각은 없다. 난 화성 알파 시티 건설 노동자였다. 지금은 유령이 되었지만 살아 있다 해도 더는 화성에 있을 필요는 없다. 화성 알파 시티는 없어졌으니까. 반 년 전 소행성이 떨어져 폭삭 무너지고 말았다."

유령들은 끔찍한 기억이 떠올라 일제히 몸을 떨었다. 천재도 머리털이 쭈뼛 섰다. 6600만 년 전 지구에도 소행성이 떨어져 공룡이 멸종하고 엄청 추워졌다고 했다. 그때처럼 커다란 소행성이 또다시 지구에 떨어진다며 이번에는 인류가 멸종할지도 모른다. 화성에도 그런 재앙이 일어난 것이다.

"화성에 도대체 얼마나 큰 소행성이, 얼마나 빨리 떨어진 거예요?"

천재의 질문에 로보슈타가 대신 대답했다. 로보슈타는 벌써 그 당시 화성의 정보를 살펴보고 분석을 끝낸 상태였다.

"화성을 향해 날아오던 운석은 지름이 겨우 50m였어.

속도는 시속 30000mile(마일)이고, 1mile은 1.609344km야. 반올림하여 소수점 두 자리까지 구하면,

$$1.609344km \rightarrow 1.61km$$

시속 30000mile이면, 1.61×30000=48300(km). 운석의 속도는 시속 약 48300km로 날아올 만큼 빨랐어. 이 소행성이 화성에 떨어졌다면 지름 약 800m의 분화구를 만들었을 거야."

"엄청난 거야? 화성 알파 시티가 무너질 만큼?"

"아니, 거대한 편은 아니야. 알파 시티에 직접 떨어지지 않는 한 큰 피해는 없을 거야. 게다가 화성에 떨어지기 전에 공중에서 폭파시켰다던데?"

로보슈타의 말이 끝나기도 전에 유령들이 무섭게 소리쳤다.

"거짓말! 공중에서 폭파시키려 했는데 소행성의 궤도가 갑자기 바뀌는 바람에 실패했다. 소행성은 한창 건설 중인 알파 시티를 겨냥이라도 한 듯 정확히 떨어졌다. 우리는 우주인 유령이 되고, 로봇들은 고철이 되고, 화성 알파 시티는 폐허가 되었다. 모든 것이 사라져 버렸다."

"화성에 오기로 한 우주 최강 인공 지능 로봇이 있었더라면 이런 사고를 막았을 거야. 회장이 우주 최강 로봇을 절대로 화성에 못 오게 한다고 했어."

유령들은 몸을 부르르 떨며 소리쳤다. 천재도 부르르 떨며 물었다.

"로봇을요? 절대로요?"

"그래, 사고 직후 화성에 도착한 알파 회장은 지구에 거짓 정보를 보냈다. 화성 알파 시티는 아무 문제가 없다고 말이야. 회장은 화성에 살고 싶은 사람들에게 돈을 엄청나게 받아서 알파 시티를 건설 중이었으니 이 사실이 밝혀지면 엄청난 손해를 볼 거다. 당장 알거지가 되겠지. 엄청난 비난과 벌도 받을 거다. 평생을 감옥에서 썩게 될걸. 회장은 이 모든 사실이 밝혀지기 전에 재산을 처분하여 우주로 달아날 계획을 짜고 있어. 우린 알파 회장이 벌을 받지 않고 도망가게 둘 수 없어. 막아야 해. 애야, 유령의 친구, 도와줘. 우린 진실을 밝히고, 회장은 죗값을 치러야 해."

유령들은 천재의 손을 덥석덥석 잡으며 매달렸다. 천재는 차가운 유령 손길에 손이 꽁꽁 어는 줄도 모르고 머릿속으로 사건의 조각을 꿰어 맞췄다. 의심스러웠던 조각들이 하나둘 맞아떨어졌다. 유령들의 말이 사실이라면 로보슈타를

폭발시키고 콩 박사를 해친 범인은 콩 박사가 믿었던 알파 시티 회장이다. 진짜 천재가 아니라도 그 정도는 충분히 추리할 수 있었다.

"로보슈타, 너와 콩 박사님을 다치게 한 범인은 바로 알파 회장이야."

"아니야. 유령들의 말은 틀렸어. 이 사진들을 좀 봐."

로보슈타는 화성을 돌고 있는 인공위성이 찍은 사진을 보여 주었다. 어제 오전 11시에 찍힌 사진이었다. 알파 위성과 중국, 미국의 인공위성이 각각 촬영한 사진에는 반쯤 지어진 알파 시티가 당당하게 찍혀 있었다. 화성 궤도를 각각 돌고 있는 3개의 인공위성이 어제 찍은 사진에 어떻게 몇 달 전 무너진 알파 시티가 위풍당당 서 있을까?

▶ 중국 위성이 촬영한 모습
▼ 알파 위성이 촬영한 모습
◀ 미국 위성이 촬영한 모습

"설마 유령들이 거짓말을 한 걸까?"

천재는 소름이 쫙 끼쳤다. 도대체 이 유령들의 정체는 뭘까? 나쁜 기운을 품은 어둠의 유령들이 천재를 홀리러 온 걸까? 어둠의 유령들이 천재를 홀리고 알파 회장을

◀ 중국 위성이 촬영한 실제 모습

알파 위성이 촬영한 실제모습 ▶

모함하는 이유가 뭘까? 천재는 이 모든 게 위성 사진의 잘못이라도 되는 것처럼 사진을 무섭게 노려보았다.

앗! 사진을 무섭게 노려보던 천재는 이상한 점을 발견했다.

"로보슈타! 이 사진들은 조작된 거야. 건물의 크기를 확대하고 축소해서 다른 사진처럼 만들었지만, 한자리에서 찍은 같은 사진이라고! 같은 시각에 다른 궤도를 돌고 있는 3개의 인공위성에서 찍은 사진이라면 찍힌 부분이 다르니까 사진도 다 달라야 해."

로보슈타는 시각 센서를 최대치로 올려 사진을 살펴봤다. 천재의 말이 맞았다. 사진은 조작되었다. 우주 최강 로봇을 없애고, 콩 박사를 다치게 하고, 화성에서 일어난 끔찍한 사고를 숨기고, 책임을 지지 않고 도망가려 한 우주 최악 나쁜 놈은 알파 회장이었다.

▲미국 위성이 촬영한 실제 모습

숫자 암호문에 숨겨진 범인의 정체는?

알파 시티 회장은 인공 지능 알파가 있는 중앙 알파룸에 접근했다. 오늘따라 자이언트의 삐걱거리는 소리가 유난히 거슬렸다.

"긴장하지 마. 알파만 처리하면 돼. 여기서 무너질 순 없어."

회장은 쭈글쭈글한 손으로 제 가슴을 토닥였다. 자이언트가 삐걱삐걱 쿵쿵 따라했다.

"이 바보 같은 로봇아, 이런 건 따라하지 마. 자이언트도

손봐서 나가야 하는데, 콩 박사는 저리 됐고 뱅뱅 박사도 믿을 수 없는 처지니 다른 나라 로봇 공학자를 찾아봐야 하나? 아무튼 자이언트, 문이 열리면 바로 바이러스 폭탄을 쏘아라. 주춤하다가 지네봇이 등장하면 성가셔진다고. 알았어?"

회장은 구시렁대면서 중앙 알파룸의 보안 열쇠 키의 시작 버튼을 눌렀다. 알파 시티의 심장인 알파룸은 보안이 매우 철저해서 암호가 이중으로 설정되었다. 먼저 매주 바뀌는 암호를 풀고, 그 암호를 맞힌 경우 열 손가락 지문을 확인하여 알파 시티 회장, 시장, 콩 박사일 경우에만 문이 열렸다.

"오, 회장님! 반갑습니다. 이번 주 암호입니다."

$$6^3 5 + 8^{10} 2 + 8^9 2 + 2^3 + 8^2$$

"음, 대체 암호군."

회장은 첫눈에 대체 암호라는 것을 알아맞혔다. 그동안 알파룸에 수없이 들락거리느라 암호문에 관해서는 도가 텄기 때문이다. 대체 암호는 전하려는 메시지를 다른

글자나 숫자로 바꿔서 숨기는 암호다. 다른 말로 치환 암호라고 부르기도 한다.

"큰 숫자는 자음이고 작은 숫자는 모음이겠지."

회장은 숫자 밑에 자음과 모음을 따로따로 쓴 다음 암호문을 풀었다.

$$6^3 5 + 8^{10} 2 + 8^9 2 + 2^3 + 8^2$$

큰 숫자는 자음 1 2 3 4 5 6 7 8 9 10 11 12 13 14
　　　　　　　ㄱ ㄴ ㄷ ㄹ ㅁ ㅂ ㅅ ㅇ ㅈ ㅊ ㅋ ㅌ ㅍ ㅎ

작은 숫자는 모음 1 2 3 4 5 6 7 8 9 10
　　　　　　　ㅏ ㅑ ㅓ ㅕ ㅗ ㅛ ㅜ ㅠ ㅡ ㅣ

범인은 너야

"범인이 나라고?"

알파 회장은 깜짝 놀라 두리번거렸다. 누군가 자신이 저지른 범죄를 알아차린 게 아닐까? 다행히 알파는 아무것도 모르는 것 같았다.

"이젠 암호문 풀기 도사가 다 되셨네요. 이제 지문

인식기에 두 손을 모두 대 주십시오."

알파가 경쾌하게 말했다. 회장은 불길한 예감을 꼭 숨긴 채 두 손바닥을 찰싹 갖다 댔다. 보안이 철저한 알파룸의 문은 열 손가락의 지문이 모두 일치해야 열렸다. 한 손가락 지문이 다른 사람과 일치할 확률은 1천만 분의 1, 하지만 열 손가락 지문 모두가 다른 사람과 일치할 확률은 640억 분의 1이기 때문에 열 손가락의 지문을 모두 확인하는 것이다.

"삐삐삐. 회장님의 지문 코드는 거부되었습니다. 다시 시도해 주십시오."

알파 회장은 땀이 흥건해진 손바닥을 옷에 싹싹 닦은 뒤 다시 한 번 댔다.

"삐삐삐. 회장님, 승인된 코드가 아닙니다. 다시 시도해 주십시오."

"뭐야, 어떻게 된 일이지?"

알파 회장은 부글부글 끓어오르는 화를 꾹 누른 채 지문 인식기에 손바닥을 대고, 또 대고, 또 댔다.

"삐삐삐. 다섯 번의 시도가 실패했습니다. 회장님의 알파룸 출입 권한은 완전히 삭제되었습니다. 시장님과 콩 박사님의 공동 승인을 받아 복구하십시오. 회장님,

도대체 어떻게 된 일이죠?"

"그걸 내가 어떻게 알아? 어서 문 열어! 난 알파 시티를 건설한 회장이라고! 문 열어!"

"회장님이 중앙 알파룸 출입 권한을 왜 잃었는지 알아보겠습니다. 하지만 문을 열 수는 없습니다. 권한이 없는 사람은 들어올 수 없습니다. 알파 시티의 안전을 위한 일이니 따라 주시기 바랍니다."

알파는 상냥했지만 단호했다. 회장은 자이언트 안에서

펄펄 뛰며 고래고래 소리를 질렀다. 덩달아 자이언트도 발을 쿵쿵 굴렀다.

"난 들어갈 수 있어! 알파, 문 열어! 안 그러면 문을 부숴 버릴 테다. 자이언트!"

자이언트는 거대한 팔을 번쩍 들었다.

"회장님, 진정하십시오. 알파는 알파 시민들의 안전을 위해 규정을 따라야……."

알파는 회장을 진정시키려고 애썼다. 하지만 회장은 해서는 안 될 명령을 내리고 말았다.

"자이언트, 당장 이 문을 부숴 버려!"

바로 그때 천재와 로보슈타가 중앙 알파룸에 도착했다. 천재는 저도 모르게 자이언트와 문 사이를 가로막았다.

"뭐야, 이 꼬마 녀석은?"

순간 천재는 정신이 퍼뜩 들었다. 천재에게는 거대 로봇을 상대할 무기가 아무것도 없었다. 천재를 도울 지원군도 없다. 로보슈타는 우주 최강 로봇이지만 유령이라서 자이언트한테 덤벼 봐야 소용이 없을 것이다.

'어쩌지? 순수 초딩 모드로 돌아가 길을 잘못 들었다고 하고 도망칠까? 아니면 영웅 탄생 모드로 자이언트에게 덤빌까?'

천재는 인생 최대의, 아니 최악의 선택 앞에 섰다.
"당장 비켜."
알파 회장이 무섭게 손짓을 하자 자이언트가 위협적으로 따라했다. 천재는 오줌이 찔끔 나올 만큼 무서웠다.
'어떡해! 여기서 무슨 짓을 해도 난 후회할 거야. 도망쳐도 후회하고 맞서도 후회할 거야. 기왕 해야 할 후회라면 내 평생 처음으로 영웅 노릇을 해 보고 후회하자. 아잉.'
천재는 다리, 팔, 턱, 혀까지 달달 떨렸지만 애써 당당하게 소리쳤다.
"회장님, 이제 다 끝났어요. 그만하세요."
"무슨 소리야? 넌 뭐야?"
"화성에서 무슨 일이 일어났는지 다 알아요. 알파를 고장 내도 회장님은 달아날 수 없어요. 제가 모든 진실을 밝힐 테니까요."
"뭐? 천만에. 너 같은 꼬마 녀석의 말을 누가 믿는다고. 자이언트, 당장 알파룸의 문을 부숴. 바이러스 폭탄을 던져 버려."
알파 회장은 이성을 잃고 길길이 날뛰었다. 주인의 명령이 옳은지 그른지 판단할 수 없는 자이언트는 알파룸의 문을 부수기 시작했다. 쿵, 쿵, 쿵 어마어마한 소리에

천재의 심장도 쿵 쿵 쿵 내려앉는 것 같았다.

"역시 후회할 줄 알았어. 로보슈타, 이제 어쩌지?"

"됐어, 천재야. 계산 끝났어. 후회하지 마. 우리가 이길 거야."

로보슈타는 자이언트 가슴의 빛나는 황금별 배지로 날아가 손바닥으로 꾹 눌렀다. 자이언트는 이상한 느낌이 들었는지 제 가슴을 치며 뭔가를 떼어 내려 했지만 로보슈타는 요리조리 잘도 피하며 꼭 붙어 있었다. 조금 뒤 자이언트가 몸을 떨기 시작했다. 부르르, 쿠르르

자이언트의 몸은 점점 더 심하게 흔들렸다.
"그만해. 멀미나잖아. 자이언트, 멈춰. 멈추라고!"
회장은 의자를 꼭 붙들고 명령을 내렸지만 자이언트는 듣지 않았다.
"히힛, 알파를 고장 내려던 바이러스로 자이언트의 제어소프트웨어를 감염시켰지롱. 이젠 회장이 어떤 명령을 내려도 듣지 않을걸?"
자이언트는 회장의 명령을 듣지 않을 뿐 아니라 회장의 안전에도 관심이 없었다. 회장은 거대 로봇의 꼭대기에서 떨어질까 봐 덜덜 떠는 신세가 되고 말았다.
"회장님, 자이언트와 함께 돌아가십시오. 알파룸 앞에서 위험한 행동을 하면 안 됩니다. 10초 안에 돌아가지 않으면 경비 로봇을 출동시키겠습니다. 천재 조카, 말썽이 나는 곳마다 네가 있구나? 아무래도 자이언트가 고장 난 것 같으니 가까이 접근하지 마. 그리고 제발 집에 좀 가라."
알파의 말처럼 천재도 집에 가고 싶었다. 로봇이고, 미래 세계고, 모든 것을 알아서 결정해 주는 편리한 알고리즘이고 뭐고 다 필요 없었다. 촌스러운 집에 가서 원시적인 엄마의 사랑과 구박을 받고 싶었다. 멀리서 안 할배가 날아왔다.

"천재야, 로보슈타야, 내가 돌아왔다. 콩 박사는 무사하다. 너희들도 내가 다 지켜 주마."

안 할배가 지켜 줄 사람은 덜그럭거리는 자이언트 위에서

벌벌 떠는 알파 회장뿐이었다. 안 할배는 자이언트의 위로 날아가 용감하게 알파 회장을 구했다. 그 순간 경비 로봇들이 우르르 몰려나왔다. 정이십면체 경비 로봇들이 데굴데굴 구르고 척척척 붙어 사람 모양으로 변했다. 사람 모양의 경비 로봇은 지네봇보다 훨씬 덜 징그러우면서도 사람을 체포하기에 적합했다.

"회장님, 알파 시장님의 명령으로 화성 알파 시티를 조사한 결과 끔찍한 불법 행위가 발견되어 체포, 구금합니다. 알파는 회장님께 개인적인 불만이나 원한은 없습니다. 경비 로봇, 회장님을 일단 알파 경찰서로 데려가도록."

"감히 나를 체포해? 난 알파 시티를 만든 사람이야! 알파 시티는 내 거라고! 난 알파 시티 최고의 권력자라고!"

회장은 경비 로봇들에게서 벗어나려고 몸부림을 치며 소리쳤다. 알파는 냉정하고 침착하게 다시 말했다.

"회장님은 알파 시티 최고 부자이지만 알파 시티의 주인은 아닙니다. 알파 시티는 시민들의 것입니다. 인공 지능 알파는 시민들의 자유와 안전을 위해 최선을 다합니다."

천재는 콩 박사가 수술 중인 병원의 복도에 앉아 있었다. 아직도 어안이 벙벙했다. 알파 회장에게 맞섰던 장면이 자꾸 떠올라 심장이 쿵쿵거리고 식은땀이 났다.

'바보. 도망쳤어야지. 무시무시한 자이언트한테 덤비다니 미쳤지!'

천재는 풍성한 곱슬머리를 쥐어뜯으며 후회를 했다.

"천재야, 아까 네가 도망쳤으면 자이언트가 알파룸의 문을 부쉈을 거고, 알파가 바이러스 공격을 당해 고장 났을 거고, 알파 회장은 큰 죄를 짓고도 무사히 도망쳤을 거고, 사람들은 어마어마한 상처를 입었을 거야. 알파 시티의 기능이 멈춰 또 다른 사고가 일어났을지도 몰라."

로보슈타가 불쑥 말했다. 천재의 머릿속을 읽은 것 같았다. 안 할배의 말처럼 인공 지능이 뛰어난 로봇들은 사람의 머릿속까지 들여다볼 수 있는 걸까?

"왜 그런 표정으로 쳐다봐? 멋졌다는 칭찬인데!"

천재는 비로소 씨익 미소를 지었다. 하지만 복도 끝에서 삐죽삐죽 걸어오는 사람을 보고는 그만 미소가 싹 달아나고 말았다.

"천재야, 콩 박사의 수술은 끝났니?"

"흥! 왜요? 콩 박사님의 인공 지능을 훔친 주제에 그건 왜 궁금해요?"

"미안하다. 그때는 욕심에 빠져서 잠시 내 정신이 아니었어. 콩 박사가 일어나면 사실대로 말하고 사죄를 하마. 법의 심판도 받을 거야."

뱅뱅 박사는 진심으로 사과했다. 천재는 옆에 있는 로보슈타를 힐끔 쳐다보았다. 뱅뱅 박사의 잘못된 행동은

천재보다 콩 박사와 로보슈타에게 더 상처가 되었을 테니까.

"콩 박사님은 어쩔지 모르지만 난 용서! 잘못을 뉘우치는 사람에게는 다음 기회를 줘야 하니까."

로보슈타는 두 손을 탈탈 털며 말했다. 감정이 없어서 그런지 로봇은 사람과 다르게 뒤끝이 없는 것 같았다. 천재는 입술을 삐죽거렸다.

"천재 네가 알파 회장에게 맞섰다는 말은 들었다. 정말 용감하구나. 나는 겁쟁이라 몰래 해킹을 해서 알파룸 암호를 바꾼 정도밖에 못 했는데……."

"네에? 뱅뱅 박사님이 알파룸의 암호를 바꿨어요? 그래서 회장이 알파룸에 못 들어간 거예요? 근데 왜 그랬대요?"

"알파가 리온을 위험 물질로 인식한 건 누군가의 명령이 있었기 때문이야. 그 범인이 회장인 줄은 몰랐어. 알파 시티에 범인이 있다면, 누구인지는 몰라도 알파룸을 노릴 것 같아서……. 범인을 알아내려고 그랬지."

천재는 고개를 끄덕이다가 벌컥 화를 냈다. 뱅뱅 박사가 범죄를 또 저질렀다고 자백했기 때문이다.

"뱅뱅 박사님! 해킹이 범죄인 거 몰라요? 와, 박사님은 진짜 범죄자예요."

"알고 있어. 미안. 그것도 자수할 거야."

뱅뱅 박사는 미안해서 어쩔 줄 몰라 했다. 그 모습을 보자 천재는 박사가 조금 불쌍했다. 나쁜 방법이긴 했지만 뱅뱅 박사 덕분에 알파룸을 지켰으니까.

"그래도 그건, 어쨌든 잘된 일이니까, 덕분에, 다들 고마워할 거예요."

천재의 급작스러운 칭찬에 뱅뱅 박사의 눈이 동그래졌다. 두 사람은 아무 말도 하지 않고 나란히 앉아 있었다. 천재는 콩 박사의 수술실에 들어간 로보슈타를 기다렸고, 뱅뱅 박사는 콩 박사의 수술 결과를 알려 줄 의사를 기다렸다. 조금 뒤 로보슈타가 먼저 날아왔다.

"천재야, 잘됐어! 다 잘됐어! 박사님은 이제 천하무적 사이보그 로봇 박사가 될 거야. 누가 더 최강인지 나랑 겨뤄 보자고 해야지."

로보슈타는 잔뜩 들떠서 떠들었다. 천재는 콩 박사가

깨어나면 유령을 알아볼 수 없다는 사실을 알려 줄까 말까 고민했다. 그 순간 로보슈타도 알아차렸다. 천재는 로보슈타가 정말로 자신의 머릿속을 들여다보는 것 같았다. 아니면 강력한 텔레파시로 둘의 마음이 하나가 되었을까?

"근데 이제 박사님이 날 못 알아보겠지? 그래, 다행이다. 사람은 사람의 생을, 유령은 유령의 생을 살아야 하는 거 맞지?"

"맞아. 우리도 이제 곧 헤어질 거야."

뜻밖이라는 듯 로보슈타의 눈이 왕방울만 하게 커졌다. 갑자기 천재에게 매달려 떼를 썼다.

"왜? 난 친구도 없고, 나를 알아봐 줄 사람도 없는데 너마저 가 버리면 어떡해? 여기서 같이 살자. 응?"

"난 집에 가야 해. 네가 날 집에 데려다줘야 해."

"왜? 내가 어떻게?"

천재는 어이가 없었다.

천재의 첫 번째 유령 친구 마방진은 천재를

유령 세계로 수없이 끌고 다녔지만 사건을 해결하면 언제나 집으로 데려다주었다. 어떻게 했는지는 모르지만 100% 그렇게 했다. 그런데 우주 최강이라는 이 로봇 유령은 유령으로서는 아는 것이 없어도 너무 없었다.

"그래도 걱정 마, 천재야. 언젠가 콩 박사님이 타임머신을 만들 테니까 그걸 타고 가면 되지. 으하핫, 넌 지구인 최초로 타임머신을 타 본 어린이가 될 거야."

"싫어어~!"

천재는 큰 소리로 외쳤다. 천재는 최첨단 미래에서 미아가 되고 싶지 않았다. 다시는 팔라우에 못 가는 것도 싫었다. 무엇보다 엄마, 아빠, 미소를 다시 못 본다는 건 견딜 수 없는 일이다. 이상하게도 유령만 따라오면 가족을 향한 사랑이 화산처럼 폭발하게 된다. 왜 그런지는 천재도 알 수 없었다.

"으아악, 싫어! 도와줘, 탐정 유령 마방진! 도와 달라고!"

에필로그

지구 최강 환경 운동가 탄생

안 할배는 로봇 헬멧을 벗고 어깨를 탈탈 털었다.
"아휴, 내 어깨에 아직도 냉동 영혼들이 붙어 있냐? 냉동 영혼들의 얘길 들어주느라 이제 왔어. 너무 추워서 그동안 고생이 많았대. 내가 유령 세계에 자리를 좀 알아봐 주겠다고 했지. 유령 세계에 잘 아는 유령 형아가 있거든. 앞으론 더 바빠질 것 같아. 미래에도 유령들이 좀 많아야지. 그래, 박사는 좀 괜찮냐?"
"네, 근데 안 할배, 전 어떻게 집에 가요?"
천재는 눈물을 글썽이며 물었다.
"전 이제부터 어디 살아요?"

 로보슈타도 안 할배에게 바짝 붙었다. 안 할배는 폭신한 천재의 곱슬머리를 쓰다듬었다.
 "천재는 이제 집에 돌아가야지. 유령은 유령 세계로 가고."
 "어떻게요?"
 순수 초딩과 로봇 유령이 동시에 물었다. 안 할배는 쭈글쭈글한 손가락으로 병원의 하얀 천장을 가리켰다.
 "로보슈타야, 저기 빛이 안 보이냐? 유령은 원래 빛을 따라가는 법인데, 아니면 어떤 유령이 직접 와서 데려가야 하는데……. 30년 동안 본 적이 없지만 내가 간절히 불러 보마. 언젠가 나타날 거야."
 그 순간 하얀 벽 한가운데가 풍선처럼 뽀옹 부풀어 오르더니 통통한 유령이 뿅 하고 나타났다.
 "천재 천재 안천재! 너를 구하러 내가 왔다!"
 유령 사건이 있을 때마다 천재를 찾아와 괴롭히며 함께 사건을 해결하는, 천재의 유령 친구 수학 탐정 유령 마방진이 이제야 나타났다. 목숨이 아슬아슬한 위험한 상황이 다 지난 뒤에! 천재는 마방진의 오동통한 목덜미를 붙잡고 소리쳤다.
 "뭐예요? 이제 오면 어떡해욧! 유령들한테 시달리다 미래

세계에서 유령이 되었으면 어쩔 뻔했어요? 그럼 난, 마방진 형아를 쫓아다니며 평생 악몽을 꾸게 할 테야!"

"미안, 미안. 이런 첨단 미래는 처음이라 촌스럽게 길을 잃었지 뭐냐. 누가 복도를 다 하얗게 칠해 놨어? 유령, 길 잃어버리게. 정말 유령은 눈곱만큼도 배려 안 한 이기적인 디자인 같으니라고!"

탐정 유령 마방진은 미안한 마음에 버럭버럭 소리를 질러 댔다. 천재는 마방진에게 눈을 흘기며 안 할배를 소개해 주었다.

"이분은 전설적인 유령 사냥꾼이야. 마방진 형아가 잘못하면 안 할배한테 혼내 달라고 할 거야. 그러니까 나를 얼른 집으로 보내 줘요. 로보슈타는 유령 천국으로 보내 주고."

"안…… 할배?"

마방진은 안 할배를 보고 눈이 튀어나올 뻔했다. 하얀 곱슬머리가 복슬복슬한 안 할배는 마방진을 보고 눈물을 글썽거렸다. 둘은 오랜만에 만난 친구처럼 두 손을

덥석 맞잡았다.

"너는 설마 안천……."

"수학 탐정 유령 마방진, 우리 천재를 잘 부탁해요. 무사히 제 집으로 돌려보내 줘요. 아직은 엄마의 사랑이 필요할 나이니까요. 그리고 나중에, 나한테 다시 와요."

안 할배는 마방진이 아무 말도 못 하게 꽉 껴안았다. 안 할배는 천재도 꼭 안아 주었다. 천재는 진짜 할아버지처럼 자신을 챙겨 주는 안 할배가 고마워서 눈물이 날 것 같았다.

"천재야, 부탁 하나 하마. 팔라우를 꼭 지켜 주렴."

"네, 걱정 마세요. 돌아가면 저는 환경 운동가가 될게요."

이별의 순간이 다가왔다. 그런데 로보슈타가 주춤주춤 뒤로 물러났다.

"난 아직 콩 박사님과 인사를 못 했어. 박사님이 깨어나시면 그때 가면 안 될까?"

마방진은 고개를 저으며 하얀 천장을 가리켰다. 어느새 태양보다 밝은 빛이 환하게 빛나고 있었다.

"로보슈타, 콩 박사님의 마음속에는 언제나 네가 있을 거야."

"하지만……."

로보슈타의 눈에 눈물이 가득 찼다. 마방진과 로보슈타와

 천재와 안 할배는 손에 손을 맞잡고 동그랗게 섰다.
마방진이 부드러운 목소리로 말했다.
 "천재야, 눈 좀 감아 봐."
 천재는 얌전히 눈을 감았다. 안 할배와 로보슈타의
따뜻한 손길이 느껴졌다.

 "어휴, 추워. 엄마가 또 보일러를 껐군. 지구도
중요하지만 얼어 죽겠네."
 천재는 곱슬머리 한 가닥도 나오지 않을 만큼 이불을 푹
뒤집어썼다. 그런데 갑자기 이불이 휙 날아가면서 찬바람이
천재의 똥배 밑을 슝 파고들었다.
 "안천재! 이번 주에도 재활용 쓰레기 분류를 빼먹을 테냐?
이번에도 빼먹으면 네 용돈은 빵 원이다. 알았냐?"
 엄마가 다정하게도 꽥꽥 소리를 질렀다.
 "그냥 빵 원 받을게요. 추워 죽겠어요."
 천재는 분명 이렇게 말했는데 이상하게도 발이
저절로 베란다로 달려갔다. 두 손은 바쁘게 플라스틱은
플라스틱대로, 종이는 종이대로, 비닐은 비닐대로 모아
박스에 차근차근 담았다.
 "이상하네. 갑자기 왜 지구 최강 환경 운동가가 되고

싶지? 앞으로 비닐은 절대 안 쓸 테야.
일회용품? 그게 뭐야? 음식은 더더욱 안
남겨야지. 국에 들어간 파까지도 먹어 버릴 테닷!"
  천재는 재활용 쓰레기를 분류해 밖으로 들고 나왔다.
밖은 여전히 추웠다. 북극에서 몰려온 못된 바람이 천재의
엉덩이를 후려치겠다며 달려들었다. 그래도 천재는 환경을
살린다는 마음으로 기쁘게 쓰레기를 버리고
하늘을 쳐다보았다. 반짝, 반짝, 유난히
반짝이는 별 두 개가 천재에게 손을
흔드는 것 같았다.

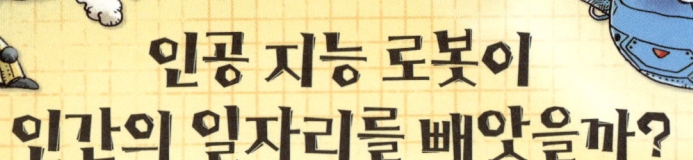

인공 지능 로봇이 인간의 일자리를 빼앗을까?

인공 지능은 사람보다 기억력과 계산 능력이 뛰어나며 지금 이 순간에도 놀라운 속도로 발전하고 있다. 사람들은 결국 로봇과 인공 지능에게 일자리를 빼앗기고 말 것이다. 택시 운전, 물건 배달 등 기계적인 힘이 필요한 일뿐 아니라 의사, 은행원, 회계사 등 전문적인 일자리들도! 실제로 2016년 미국의 대형 법률 회사에서 인공 지능 변호사를 채용했다. 인공 지능 로봇과의 일자리 경쟁은 이제 피할 수 없는 현실이 되고 말았다.

하지만 미리 걱정할 필요는 없다. 미래에는 새로운 일자리들도 많이 생겨날 테니까 말이다. 로봇 프로그래머, 드론 엔지니어, 가상 현실 설계자 등 인공 지능 관련 일자리와 지금은 상상하지도 못하는 일자리들이 생길 것이다. 또한 인공 지능 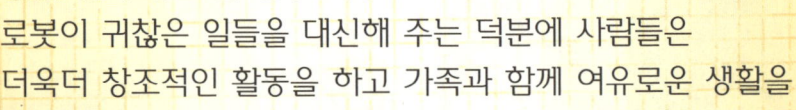 로봇이 귀찮은 일들을 대신해 주는 덕분에 사람들은 더욱더 창조적인 활동을 하고 가족과 함께 여유로운 생활을 즐길 수 있을 것이다.

초등 수학 교과 연계표

수학 개념	본 책	관련 단원	
		학년-학기	단원
경우의 수	25p, 113p	5-2	6. 평균과 가능성
꺾은선 그래프	134p	4-2	5. 꺾은선 그래프
나눗셈	58p	4-1	3. 곱셈과 나눗셈
네 자리 수의 곱셈	137p	4-1	3. 곱셈과 나눗셈
다면체와 정다면체	88~89p	중등 수학	
단위 변환	168~169p	중등 수학	
대체 암호(치환 암호)	175~176p	5-1	3. 규칙과 대응
대칭수	44p	5-2	3. 합동과 대칭
막대그래프	134p	4-1	5. 막대그래프
뫼비우스 띠	110p	중등 수학	
반올림	169p	5-2	1. 수의 범위와 어림하기
버림	59p	5-2	1. 수의 범위와 어림하기
소수의 곱셈	58p, 69p, 169p	5-2	4. 소수의 곱셈
시각과 시간	126~127p, 161p	3-1	5. 길이와 시간
알고리즘과 순서도	34p	창의 수학(문제해결)	
이진법	75p	중등 수학	
정다각형	88p	4-2	6. 다각형
정이십면체	15p, 147p	중등 수학	
합동	117p, 120p	5-2	3. 합동과 대칭
확률	177p	6-1	4. 비와 비율